国家中等职业教育示范建设课程改革创新教材

中职中专汽车运用与维修专业系列教材

汽车电气设备构造与维修

梁永浩　杨安华　主编

李　汉　黄中景　周潭生　副主编

张瑞媚　冯　津　王　亮　参编

科学出版社

北　京

内 容 简 介

本书以工作任务开展学习，以完成工作任务来适应岗位需要；岗位能力要求与国家职业标准对接；岗位任务与学习任务对接。

本书内容主要由充电系统故障的检修、起动机故障的检修、照明系统灯光不亮故障的检修、信号系统故障的检修、雨刮系统故障的检修、仪表工作不良故障的检修、电动车窗故障的检修七个学习任务组成，其中每个学习任务包含学习咨询、专业知识拓展、情景导入、案例分析、课后任务等学习环节。

本书是面向中等职业技能人才培养的专业教材，也是职业鉴定培训教材。

图书在版编目（CIP）数据

汽车电气设备构造与维修/梁永浩，杨安华主编. —北京：科学出版社，2015

（国家中等职业教育示范建设课程改革创新教材·中职中专汽车运用与维修专业系列教材）

ISBN 978-7-03-045419-5

Ⅰ. ①汽… Ⅱ. ①梁… ②杨… Ⅲ. ①汽车－电气设备－构造 ②汽车－电气设备－车辆修理 Ⅳ. ①U472.41

中国版本图书馆 CIP 数据核字（2015）第 195435 号

责任编辑：吴宏伟　赵宝平 / 责任校对：刘玉靖
责任印制：吕春珉 / 封面设计：东方人华

科学出版社 出版
北京东黄城根北街 16 号
邮政编码：100717
http://www.sciencep.com

北京虎彩文化传播有限公司 印刷
科学出版社发行　各地新华书店经销

*

2015 年 10 月第 一 版　开本：787×1092 1/16
2021 年 8 月第八次印刷　印张：8 1/2
字数：207 000

定价：24.00 元

（如有印装质量问题，我社负责调换〈虎彩〉）
销售部电话 010-62142126　编辑部电话 010-62130750

前　　言

为贯彻落实《国务院关于加快发展现代职业教育的决定》（国发〔2014〕19 号）精神，我校汽车运用与维修专业在示范校建设过程中，坚持以立德树人为根本，以服务发展为宗旨，以促进就业为导向，适应技术进步和生产方式变革以及社会公共服务的需要，深化产教融合、校企合作，编写此套系列教材以培养高素质的汽车运用与维修专业劳动者和技术技能人才。

《汽车电气设备构造与维修》是我校汽车运用与维修专业与广州市合赢教学设备有限公司开展校企合作，在充分调研了行业企业，分析汽车运用与维修专业发展现状与前景的基础上，通过召开实践专家访谈会，分析汽车运用与维修专业人才成长的每个阶段所具备的岗位能力以及从事的代表性工作任务，提取汽车电气设备维修典型工作任务后形成的工学结合的教材。本书选取了充电指示灯常亮故障的检修、起动机故障的检修、照明系统灯光不亮故障的检修、信号灯系统故障的检修、雨刮系统不工作故障的检修、仪表工作不良故障的检修、电动车窗故障的检修七个代表性工作任务作为章节，本书是面向中等职业技能人才学习的专业教材，也是职业鉴定培训教材。

本书具有以下特点：

1．任务工单以工作任务开展学习，以完成工作任务来适应岗位需要

通过学习咨询和专业知识拓展环节——养成主动学习意识和掌握学习方法；情景导入——形成系统化、规范化、专业技能化和团队责任养成；案例分析——专业能力的固化，课后任务——适应社会信息的灵活多变。

2．岗位能力要求与国家职业标准对接

在技能要求上，本书充分分析了汽车运用与维修各层级技能人才主要工作任务、对应的能力特征以及与国家职业标准等级要求的对应情况，因此，本书的技能要求既符合企业的对于从业人员的岗位能力要求，也符合国家职业标准。

3．岗位任务与学习任务对接

在学习内容上，本书通过实践专家访谈会选取的七个代表性学习任务即为岗位任务，学习的内容即为岗位工作内容。因此，本书的学习内容与岗位内容紧密联系，通过完成学习任务，能够实现学习与工作的无缝对接。

由于编者水平有限，书中难免有不足之处，敬请读书批评指正，我们将不断修改完善。

编　者

目　　录

学习任务一　充电系统故障的检修

汽车充电系的基本组成如图 1-1 所示，其主要由蓄电池、发电机、放电警告灯、点火开关等器件组成。充电系统产生电量，向各个电气组件供应所需的电量，并在车辆发动机运转时向蓄电池充电。发动机一经起动，传动皮带带动发电机工作。

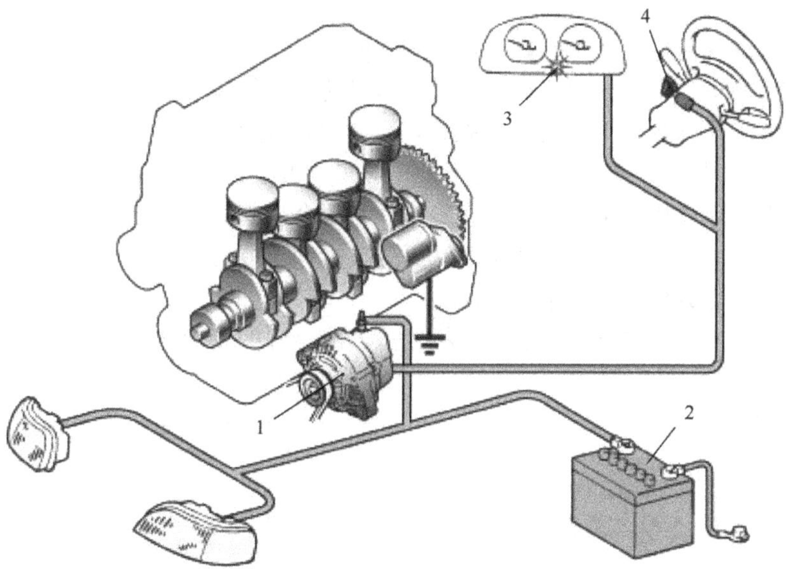

图 1-1　汽车充电系

1—发电机；2—蓄电池；3—放电警告灯；4—点火开关

学习子任务一　汽车蓄电池故障检修

任务要求

完成本学习任务后，应该能够：

1）正确完成企业维修接待任务。

2）正确描述汽车蓄电池的组成和工作原理。

3）正确对汽车蓄电池进行维护。

4）正确识别蓄电池的常见故障，并完成检修作业。

5）正确完成企业标准验收任务，评价和反馈工作过程，完成任务工单。

情景导入

一辆行驶总里程为100000km的长安马自达3轿车，放置车库两天后，将点火开关打到ST挡后，能听到继电器不断工作发出的吸合声，但电动机转动无力，车辆无法起动，并且所有电器均无法正常工作。

学习过程

1）完成维修任务接待，提高客户的满意度。

2）收集信息，学习相关知识，了解故障可能产生的原因。

3）制订工作计划，并进行决策执行，确定使用仪器设备、工具、量具，并对小组进行合理分工，制订详细、科学且易于操作的工作方案。

4）根据实际车辆情况，小组完成工作计划每个步骤的落实与改进工作方案。

5）完成交车与讲解维修作业工作，提升技能综合能力。

6）展示学习成果，提升学习自信心。

7）评价与反思，建立健全的学习机制，养成良好的职业素养。

学习咨询

（一）电池的类型与常用术语

1. 电池的类型

1）生物电池：生物表现出来的带电现象，如酶电微生物电池和生物太阳能电池。

2）物理电池：利用物理原理制成的电池，其特点是能在一定条件下实现能量直接转换。

3）化学电池：直接把化学能转换成为电能的装置，通常所说的电池大多居于此种类型。常见化学电池的分类见表1-1。

表1-1　常见化学电池的分类

分类标准	具体分类
按电解质分类	碱性电池
	酸性电池
	中性电池
	有机电解液电池

续表

分类标准	具体分类
按正负极材料分类	锌系列电池
	镍系列电池
	铝系列电池
	锂系列电池
	二氧化锰系列电池
	空气系列电池
按功能分类	一次电池
	二次电池
	燃料电池
	储备能量电池

2. 常用术语

1）蓄电池：一种将化学能转变为电能的储、放电装置，属于可逆的直流电源。
2）放电：蓄电池向外电路输送电流的过程。
3）放电容量：蓄电池在规定条件下的放电电量或有效工作时间。
4）额定容量：当电池充完电后，在规定条件下放电至截止电压时所放出的电量。
5）放电率：放电的速率，通常用“时率”和“倍率”表示。
6）充电：将外电量输入充电装置，将电能转换为化学能储存起来的操作过程。
7）充电率：蓄电池在规定的时间内充到额定容量所需的电流值。
8）恒压充电：充电时保持充电器端电压不变的一种充电方法。
9）恒流充电：充电时保持充电电流不变的一种充电方法。

（二）蓄电池概述

1. 蓄电池的功能

1）发动机起动时，给起动机和点火系统提供电能。
2）发电机不发电或输出电压低于蓄电池端电压时，向用电设备供电。
3）发电机电压高于蓄电池端电压时，将多余的电能转化为化学能储存起来。
4）当车辆上的用电负荷超过了发电机的输出量时，补充电能量。
5）作为一个电压波动的防护装置，能够吸收电压尖峰值。

2. 常见蓄电池的类型

常见蓄电池的类型见表 1-2。

表 1-2　常见蓄电池的类型

类　型	优缺点
普通蓄电池	优点：电压稳定，价格便宜。 缺点：存放寿命短，抗过充电能力差，冷起动额定电流低，不可过度放电
免维护蓄电池	优点：抗过充电强，存放寿命长，冷起动额定电流较高。 缺点：深度放电能力差，储备容量较低，预期寿命较短
混合蓄电池	优点：抗过充电能力强，存放寿命长，冷起动额定电流较高，深度放电能力强，储备容量高
复合蓄电池	优点：不会发生酸液漏泄，内阻低，输出电压与电流高，不用维护，可过度放电，冷起动额定电流大（可超过 800A），使用寿命比普通蓄电池长 4 倍以上
微电子控制蓄电池	优点：比普通蓄电池轻 40%，低温可靠性高，充电速度快，充电能力高，冷起动能力强，使用寿命长

3. 蓄电池的工作原理

蓄电池的充电和放电是通过电解液的化学反应来实现的。其具体过程如图 1-2 所示。

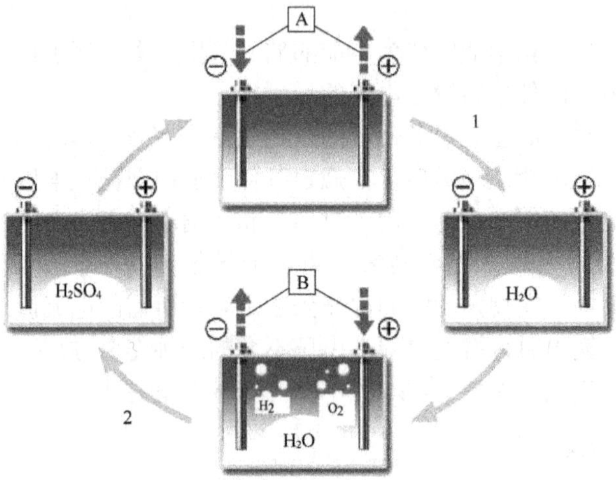

图 1-2　蓄电池工作原理示意图

1—放电过程；2—充电过程；A—放电电流；B—充电电流

（1）放电

当电解液中的硫酸和铅反应而变成水时就会产生电能。同时，硫酸和极板反应，使得正负极板变成硫酸铅。

（2）充电

由于硫酸从极板放电，因此电解液变成硫酸，进而电解液的密度增加。正极板变成二氧化铅而负极板变为海绵铅。

提示：在充电过程中，当电解液发生化学反应（水电解）时，正极板产生氧而负极板产生氢。由于水的电解，电解液量减小，因此需要补充。

4. 蓄电池的起动特性参数

起动电流（CA）和冷起动电流（CCA）是蓄电池的起动特性参数，它们表示蓄电池分别在 0℃和−18℃时，能够提供 30s 的最大电流数值，是标准的原装设备制造商（OEM）蓄电池的测试项目。蓄电池铭牌如图 1-3 所示。

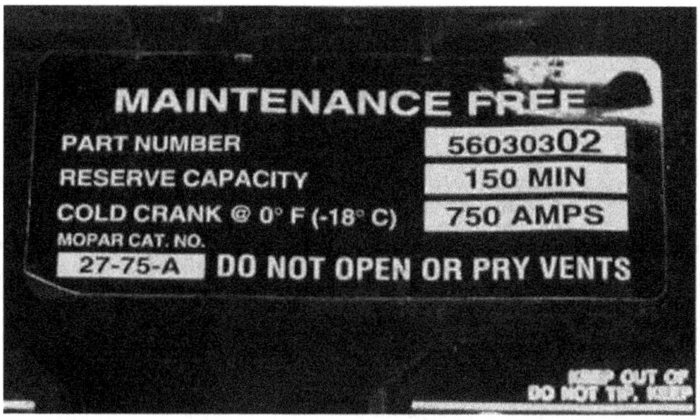

图 1-3　蓄电池铭牌

（三）蓄电池的结构

蓄电池的结构如图 1-4 所示。

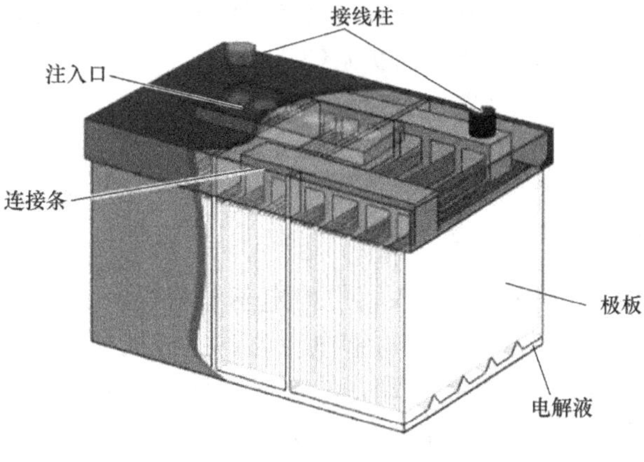

图 1-4　蓄电池的结构

（1）接线柱

黑色接线柱是蓄电池负极，其活性物质为二氧化铅（PbO_2），呈棕红色；红色接线柱是蓄电池正极，其活性物质为海绵状纯铅（Pb），呈青灰色。

注意事项：在对蓄电池进行诊断时，应该先检查接线柱被腐蚀的情况，它们应该是干净的。接线柱是蓄电池的电极板或者各个单元格中的接线端，提供了通向连接条的电通道。

（2）电解液

电解液是正常工作的蓄电池中必要的化学溶液，常温25℃下，其密度为1.24～1.30g/cm^3。电解液是酸性的，有极强的腐蚀性。

注意事项：维修蓄电池时，一定要戴上手套和防护眼罩。如果电解液接触到了皮肤，要使用流动的水充分地清洗整个区域，立即寻求医生帮助。

（3）连接条

连接条在单元格中把极板串联在一起，把毗连的单元格中的极板串联在一起，把正极板与正极板连接起来，把负极板与负极板连接起来。

（4）注入口

注入口是蓄电池各个单元格上的开口，由带通风口的盖子密封，盖子打开后，可以检查单元格中电解液的液面高度，如果必要，打开盖子后可以加注电解液。目前，大多数的蓄电池都是封闭的，没有可以被打开的盖子。封闭的蓄电池不需要检查电解液的液面高度。封闭的蓄电池也称为免维护的蓄电池。

注意事项：当打开蓄电池的盖子或者对蓄电池进行维修时，一定要戴上防护眼镜。如果电解液溅泼出来，会造成严重的伤害。

（5）蓄电池操作注意事项

1）在更换零件之前，必须把负极电缆线卸下，以免电源短路。

2）充电时，蓄电池的温度不能超出38℃。

3）充电时，蓄电池会产生爆炸性的气体H_2。

4）在工作区域内不能有火花，火花可能会导致蓄电池排出的H_2爆炸。

5）维护蓄电池时，一定要戴上防护眼镜。

6）维护蓄电池时，一定要戴上合适的手套。

（四）蓄电池液面高度的检查方法

1. 玻璃管测量法

图1-5所示，将空心玻璃管插入蓄电池电解液内极板的上平面处。玻璃管内的电解液与蓄电池内高出极板的液面等高，用食指按紧玻璃管上端，使管口密封。提起玻璃管，测量玻璃管内的液面高度，即为蓄电池电解液液面高出极板的高度。

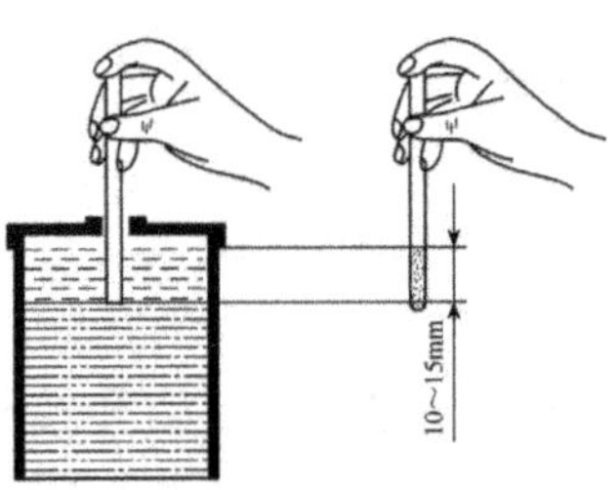

图1-5　液面高度测量

2. 液面高度指示线法

如图1-6所示，使用透明塑料容器的蓄电池，在容器壁上刻有两条高度指示线。正常液面高度应介于两条线之间。

3. 加液孔观察判断法

图1-7所示，蓄电池在电解液加液孔内侧的标准液面位置处开有加液孔。液面高度应与加液孔平齐。

图 1-6　液面高度判断方法

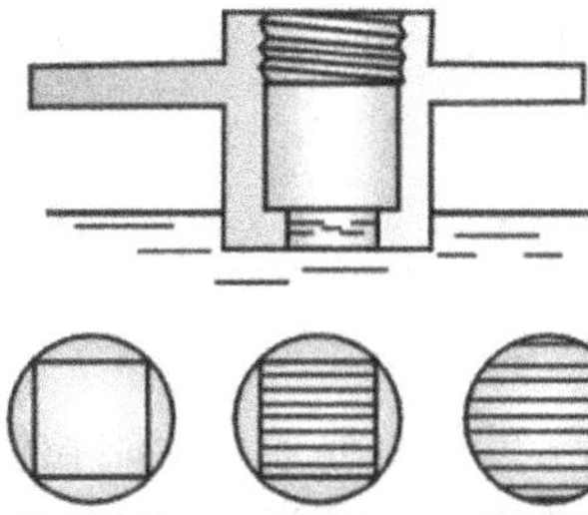

图 1-7　根据加液孔位判定液面高度

（五）蓄电池放电程度的检查

1. 用密度计测量电解液的相对密度

电解液的密度与放电程度的关系是密度每下降 0.01g/cm^3，相当于蓄电池放电 6%。电解液的相对密度一般用吸式密度计测定，如图 1-8 所示。先吸入电解液，使密度计浮子浮起，电解液液面所在的刻度即为相对密度值。注意，在测量相对密度时，应同时测量电解液的温度，并将测得的电解液相对密度值转换为 25℃时的相对密度值。

2. 用高率放电计测量放电电压

高率放电计是模拟接入起动机负荷，测量蓄电池在大电流（接近起动机起动电流）放电时的端电压，用以判断蓄电池的放电程度和起动能力，如图 1-9 所示。测量时，连接测量端子，根据指针指示的区域判定电池的好坏。

图 1-8　蓄电池密度的测量

图 1-9　高率放电计测量蓄电池

（六）蓄电池的型号

国产铅蓄电池的型号由 3 段组成，如图 1-10 所示。

图 1-10　蓄电池的型号

各组成含义如下：

Ⅰ部分表示单格电池数，由阿拉伯数字组成，其标准电压是这个数字的两倍。

Ⅱ部分表示蓄电池的类型和特征（表 1-3）。

表 1-3　蓄电池的特征编码

特征代号	蓄电池特征	特征代号	蓄电池特征	特征代号	蓄电池特征
A	干电荷	H	湿电荷	Q	气密式
B	半密闭式	I	激活式	S	少维护
D	带液式	J	胶体电解液	W	免维护
F	防酸式	M	密闭式	Y	液密式

Ⅲ部分表示蓄电池的额定容量和特殊性能。

例如：蓄电池标号为 6—QA—90G，表示由 6 个单格电池组成，额定电压为 12V，额定容量为 90A·h 的起动型干式电荷高起动率铅蓄电池。

（七）蓄电池的充电

通常来说，如果发现蓄电池电解液的密度低于 1.20g/cm^3，或单格电池电压低于 1.75V，应对蓄电池进行充电（此时车辆灯光暗淡、起动无力或不能起动）。若电解液液面过低，可补充蒸馏水，使电解液液面符合标准，再进行补充充电。

铅蓄电池的充电分为初充电、补充充电、快速脉冲充电。

1. 初充电

初充电是新蓄电池或更换极板的蓄电池在使用前的首次充电。初充电的目的是还原普通极板在存放期间被氧化的活性物质。

初充电步骤如下：先按蓄电池制造厂的规定，加注一定相对密度的电解液（电解液加入前，温度不得超过 30℃）静置 6～8h，再将液面调整到高于极板 10～15mm，电解液温度低于 25℃时才能进行充电。接通充电电路，为避免过热，第一阶段应选 $Q_e/15$（Q_e 为剩余容量）的电流，充电到电解液中开始冒气泡，单格电压上升到 2.4V 为止；第二阶段将充电电流减半，继续充电到电解液剧烈放出气泡（沸腾），单格电压到达 2.7V，相对密度和单格电压连续 2～3h 稳定不变为止。全部充电时间为 60～70h。

充电过程中应经常测量电解液温度，若温度上升到 40℃，应将电流减半，如继续上升到 45℃，应立即停止充电，并人工冷却，待冷却至 35℃以下再充电。充电过程中，如减少充电电流，应适当延长充电时间。

初充电临近完毕时，应测量电解液的相对密度，如不符合规定，应用蒸馏水或相对密度为1.40的电解液进行调整。调整后，应再充2h，若相对密度仍不符合规定，应再调整并充电2h，直至相对密度符合要求为止，然后将加液孔盖拧上，把蓄电池表面清洁干净。

2. 补充充电

使用中的蓄电池，由于充电电压偏低或充电机会少，而使蓄电池容量下降时，应及时进行补充充电。蓄电池存电不足的表征如下：

1）电解液相对密度下降到1.200以下。

2）冬季放电超过259/6Q_e，夏季放电超过509/6Q_e。

3）灯光暗淡、起动无力、扬声器发声沙哑。

补充充电的过程和方法与初充电相同，充电第一阶段以Q_e/10的电流充到冒气泡，电压到达2.4V为止；第二阶段将电流减半，充到“沸腾”，单格电压到达2.7V，电压、相对密度上升到最高值，且2～3h保持不变，即充电结束。平时补充充电一般需要13～17h。

3. 快速脉冲充电

快速脉冲充电前，应先检查电解液的相对密度，并根据其全充电状态时的密度值计算蓄电池的剩余容量，以确定初充电时间，并将充电设备上的定时器调到相应时间上。多数快速充电设备都装有温度传感器，将其插入蓄电池加液孔中，当电解液温度超过50℃时，设备会自动停至充电。根据相对密度确定快速充电时间可查表1-4。

表1-4　快速充电时间与电解液相对密度的关系

电解液相对密度	剩余容量Q_e	补充期时间/min
1.260	100%	0
1.225～1.260	75%	小电流充电
1.200～1.225	50%	15
1.175～1.200	—	30
1.175～1.150	—	45
低于1.150	25%	60

下列铅酸蓄电池不可进行快速脉冲充电：

1）未经使用的新蓄电池。

2）液面高度不正确的蓄电池。

3）电解液相对密度各单格不均匀的蓄电池，各格电压差大于0.2V的蓄电池。

4）电解液混浊并带褐色的蓄电池。

5）极板硫化的蓄电池。

6）充电时电解液温度超过50℃的蓄电池。

蓄电池充电注意事项：

1）充电前必须拧下所有的加液孔盖。

2）充电场所必须保持通风，严禁明火。

3）在充电过程中，应密切关注电解液的温度，40℃时，应将充电电流减半；45℃

时，应立即停止充电。

4）初充电时，应连续进行，不能长时间间断。

5）配置和灌装电解液时，要严格遵守安全操作规则和器皿的使用规则。

6）充电时应先接好导线，再开电源开关。停止充电时则应先关断充电电源。

7）导线连接务必可靠，防止产生火花，引发事故。

8）充电设备不应与蓄电池放置于同一工作间。

9）充电时，要常备冷水、10%苏打溶液或10%的氨水溶液。

专业知识拓展

（一）蓄电池的维护

1. 外观清洁

蓄电池的外观清洁过程见表1-5。

表1-5 外观清洁

图示	说明
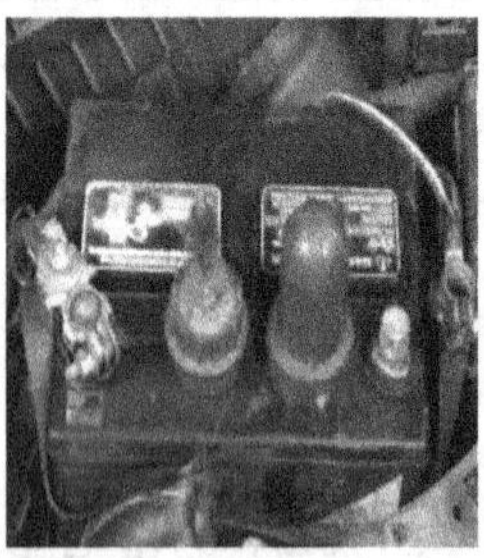	如图所示： 1）检查确保蓄电池水平放置且固定良好。 2）检查是否存在裂痕和外部损坏。 3）检查接线柱是否腐蚀，确保连接紧固。 4）清除蓄电池表面的灰尘等脏物。 5）检查一下接线柱上的氧化物。 6）使用硬毛刷子和小苏打溶液或者其他被允许的清洁剂来清理接线柱。 7）检查接线柱上电缆线的连接情况。必要时，清理和拧紧它。 8）使用蓄电池接线柱密封保护剂来涂敷接线柱，以防止受腐蚀。 笔记：

2. 蓄电池电解液的检查

蓄电池电解液的检查过程见表 1-6。

表 1-6　电解液的检查

<table>
<tr><th>图　示</th><th>说　明</th></tr>
<tr><td>
图 1
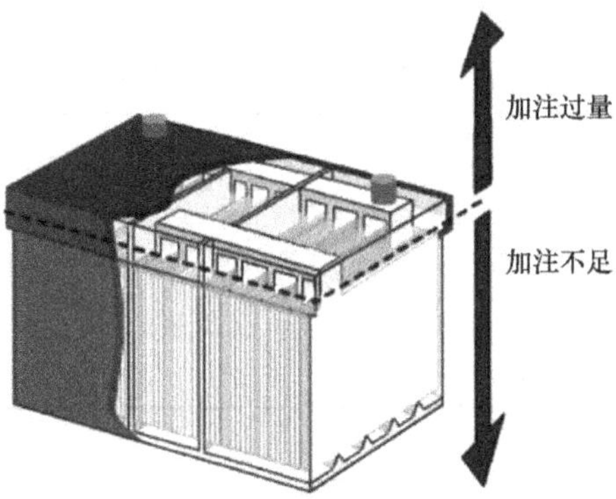

图 2

图 3</td><td>如图 1～图 3 所示：
1）小心地取下加注口的盖子。
2）检查电解液液面高度，在蓄电池的侧面上标有最大和最小液面高度的标记线。
3）从蓄电池的单元格中抽取一些电解液放入蓄电池密度计中。在进行测试之前，重复多次这个抽取操作流程。
笔记：</td></tr>
</table>

3. 蓄电池电解液密度的判别

蓄电池电解液密度的测量过程见表 1-7。

表 1-7 蓄电池电解液密度的测量

图示	说明
	如图所示： 1）查看密度计的浮子指示器上的读数。 2）把电解液倒回单元格中去。 3）对每一个单元格重复进行这个操作流程。 4）基于测试结果来判断蓄电池的储电状况。 **笔记：**________________

电解液密度与充电程度的关系

密度计读数/(g/cm^3)	充电状态指示
1.265	100%充电
1.225	75%充电
1.190	50%充电
1.155	25%充电
1.120	放电

注：如果在两个单元格之间密度值的差超过了 0.5，蓄电池就应更换

4. 添加蒸馏水

添加蒸馏水的过程见表 1-8。

表 1-8 添加蒸馏水

图示	说明
	如图所示： 1）如果液面过低，加注蒸馏水，使电解液的高度正好达到极板的顶端。 2）安装加注口盖。 **笔记：**________________

5. 补充充电

蓄电池补充充电的过程见表1-9。

表1-9　蓄电池补充充电

图　示	说　明
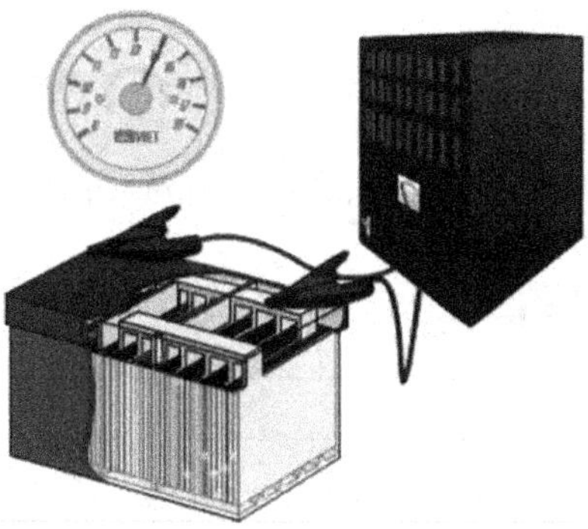	按图所示对蓄电池进行补充充电： 1）在添加了蒸馏水之后，加注口应打开。 2）对蓄电池进行补充充电。 笔记：________

（二）蓄电池状态的检测

对蓄电池进行诊断，而不必先对它进行充电；被测试的蓄电池提供电源给电导测试仪。

1. 蓄电池测试仪的连接

蓄电池测试仪的连接过程见表1-10。

表1-10　蓄电池测试仪的连接

图　示	说　明
	按图所示，连接蓄电池测试仪： 1）确保接线端子和电缆端子的洁净和牢固。 2）将点火开关、车灯开关和其他的附件置于关闭位置。 3）把测试仪上的测量引线鳄鱼夹连接到蓄电池的接线柱上。 4）连接不好会造成不正确的测量结果。 5）如果被测试的蓄电池充电不足，测试仪上的显示屏就不会亮。 笔记________

2. 蓄电池测试仪参数的设置

蓄电池测试仪参数的设置过程见表 1-11。

表 1-11　蓄电池测试仪参数的设置

图　示	说　明
 图 1 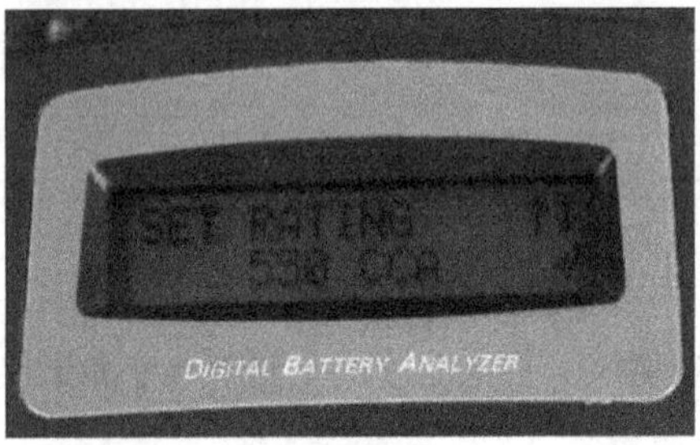 图 2 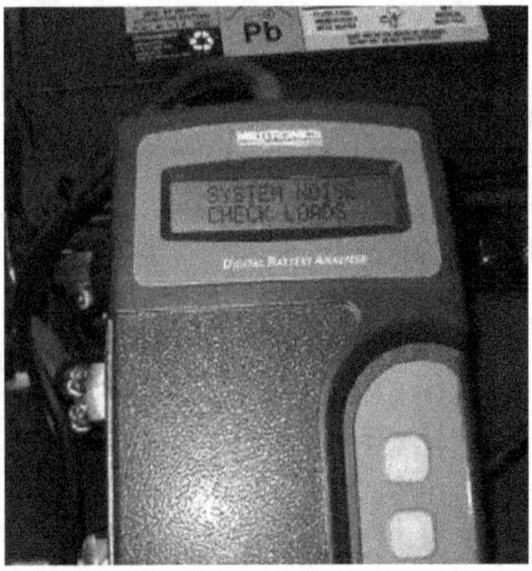 图 3	如图 1 所示，大多数的测试仪要求输入蓄电池是位于车辆的内部还是车辆的外部。 如图 2 所示，找到其冷起动电流（CCA）值，并输入测试仪中，对蓄电池的测试就会自动地进行。 如图 3 所示，显示 SYSTEM NOISE（系统干扰），检查点火开关和所有的附件是否关闭。 笔记：______________________________

3. 蓄电池状态的检测

蓄电池状态的检测结果见表 1-12。

表 1-12 蓄电池状态的检测结果

图 示	说 明
 图 1  图 2	当测试完成之后，测试仪会显示蓄电池的状态： 1）如图 1 所示，显示 SURFACE CHARGE DETECTED（检测到浮电），打开前照灯消除刚充完电的蓄电池浮电。 2）显示良好，就可以继续使用。 3）如图 2 所示，显示如下为充电和再检测、更换蓄电池、电池单元损坏——更换，就要根据测试结果进行再充电或者更换蓄电池。 笔记：______

案例分析

故障现象：一辆丰田卡罗拉轿车蓄电池充足电后，第二天电压明显降低，致使发动机无法起动，喇叭不响，车灯灯光暗淡。

故障原因分析：

1）加注电解液时，混入了有害物质，如铁、铜等，当铁含量达到 1%时，一昼夜内蓄电池的电量就会完全放完。

2）蓄电池有灰尘、腐蚀或上盖破裂密封不严，溢出电解液，正负极短路，使蓄电池漏电。

3）极板上的活性物质脱落，沉积过多，使正负极板短路，引起自行放电。

4）外部电缆线短路，引起自行放电。

故障诊断：

1）检查外部电缆线是否有短路现象，结果未发现异常。

2）用电压表黑色表笔接蓄电池负极，用红色表笔接触蓄电池顶部和侧面各个部位，检查蓄电池是否漏电，仔细观察电压表没有读数。

3）拆卸蓄电池，倒出电解液，烫开封胶，取出极板和隔板检查，未有损坏，但发现电解液中含杂质过多。

故障原因：电解液中含杂质过多。

故障修复：用蒸馏水将蓄电池内外清洗干净，再把极板和隔板装回，注入干净而新鲜的电解液，重新充电后故障排除，使用正常。

课后任务

请根据所学内容进行科学合理的汽车配件与维修设备调查，并完成表1-13。

表1-13 蓄电池统计表格

配件名称	型号	适用车型	价格	信息来源
铅酸蓄电池				
免维护蓄电池				
蓄电池专用蒸馏水				
蓄电池测试仪				
电解液密度计				
高率放电计				
快速脉冲型充电机				
起动型充电机				

学习子任务二 发电机故障的检修

任务要求

完成本学习任务后，应该能够：

1）正确完成企业维修接待任务。

2）正确描述汽车发电机的组成和工作原理。

3）正确描述汽车发电机各部件结构的特点和作用。

4）正确识别发电机的常见故障，并完成检修作业。

5）正确完成企业标准验收任务，评价和反馈工作过程，完成任务工单。

情景导入

一辆行驶总里程110000km的丰田卡罗拉轿车，在一次外出旅游行驶时，急加速后发动机熄火并出现充电指示灯常亮现象。

学习过程

1）完成维修接待，提高客户的满意度。

2）收集信息，学习相关故障诊断知识，了解故障可能产生原因。

3）制订工作计划，并进行决策执行，确定使用仪器设备、工具、量具，并对小组进行合理分工，制订详细、科学且易于操作的工作方案。

4）根据实际车辆情况，小组完成工作计划每个步骤的落实与改进工作方案。

5）完成交车与讲解维修作业工作，提升技能综合能力。

6）展示学习成果，提升学习自信心。

7）评价与反思，建立健全的学习机制，养成良好的职业素养。

学习咨询

（一）发电机概述

1. 发电机的作用与分类

车用发电机是汽车电气系统的主要电源，由发动机驱动，发电机正常工作时，给除起动机以外所有的用电设备供电，同时给蓄电池充电。

交流发电机按总体结构不同可分为普通型、整体式、带泵式、无刷式、永磁式等；按磁场绕组搭铁方式的不同可分为内搭铁方式和外搭铁方式两类。

2. 交流发电机的结构

硅整流发电机一般由三相同步交流发电机和硅整流二极管组成。三相同步交流发电机的结构如图 1-11 所示，主要部件有转子总成、定子总成、传动带轮、前后端盖、风扇、电刷及调节器组件等。车用交流发电机具有体积小、质量轻、结构简单、维修方便、使用寿命长、发动机低速时充电性能好等优点。

1）转子总成。转子总成的作用是产生磁场。其主要由转子轴、励磁绕组、两块爪极、集电环（又称滑环）等组成，如图 1-12 所示。

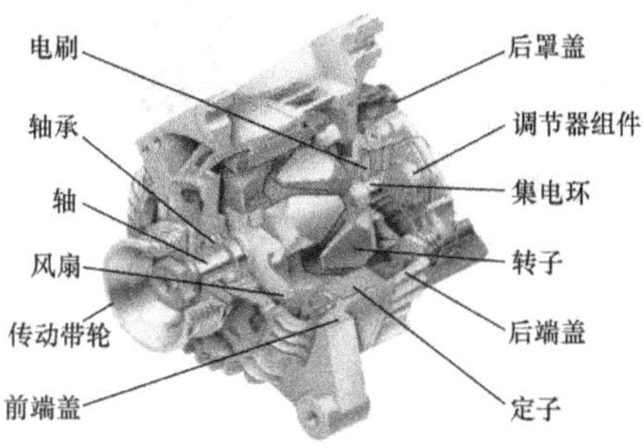

图 1-11　三相同步交流发电机的结构

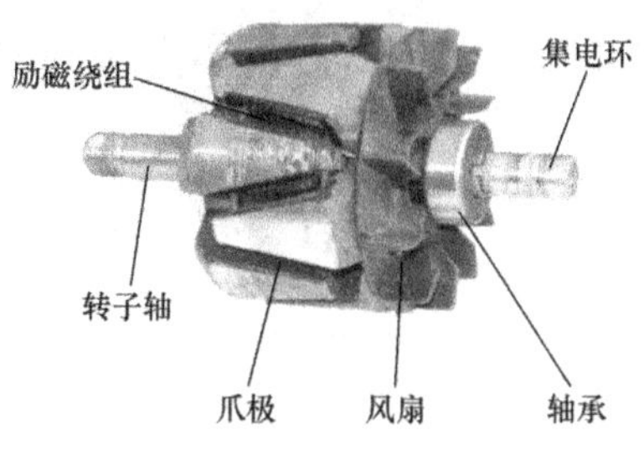

图 1-12　转子总成

转子总成有两块爪极，每块爪极上有 6 个鸟嘴形磁极，由低碳钢制成，两块爪极压装在转子轴上，其空腔内装有铁心，合称为磁轭。铁心压装在转子轴上，励磁绕组在铁心上。

集电环由两个彼此绝缘的铜环组成，压装在转子轴的一端，并与转子轴绝缘。励磁绕组的两个引线分别焊在两个铜环上。两个铜环双分别与发电机后端盖上的两个电刷接触。当两个电刷与直流电源接通时，励磁绕组中有电流通过，并产生轴向磁通，使一块爪极磁化为 N 极，另一块爪极磁化为 S 极，从而形成 6 对相互交错的磁极。

2）定子总成。定子总成的作用是产生交流电，发电机定子总成的结构如图 1-13 所示，由定子铁心和三相定子绕组组成。定子铁心一般由相互绝缘且内圆带嵌线槽的环状硅钢片叠成，三相定子绕组对称安放在定子铁心槽内。

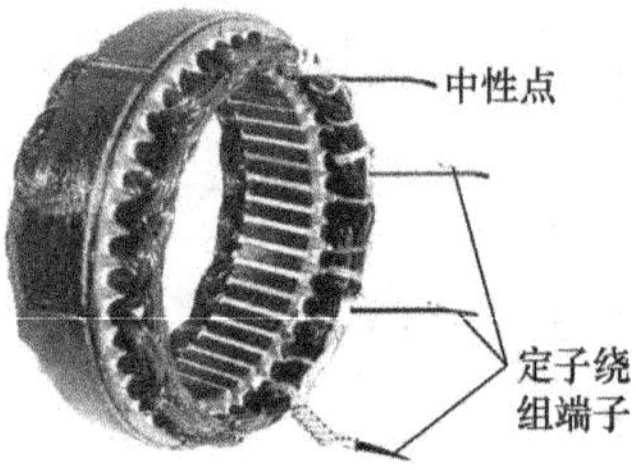

图 1-13　定子总成

三相绕组的连接有星形（Y 形）连接和三角形（△形）连接两种，如图 1-14 所示。车用交流发电机多采用星形连接。

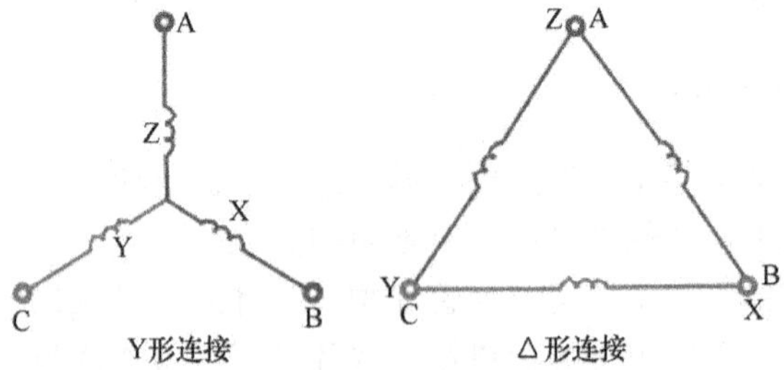

图 1-14　三相绕组

3）传动带轮。传动带轮通常采用铸铁或铝合金制成，分单槽和双槽两种，利用半圆键装在风扇外侧的转子轴上，再用弹簧垫片和螺母紧固，如图 1-15 所示。

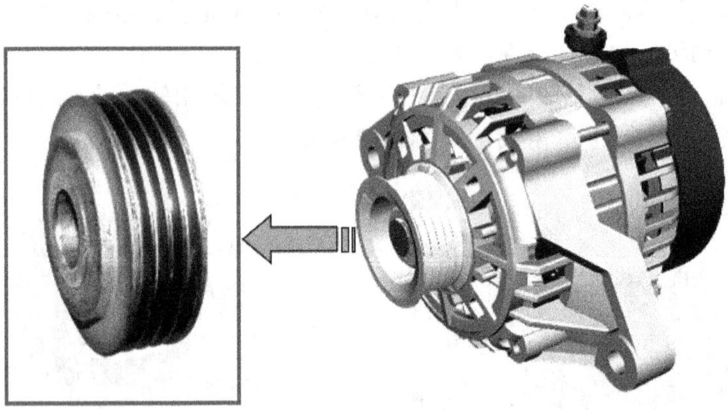

图 1-15　发电机的传动带轮

4）前后端盖。交流发电机的前后端盖（图 1-16）均用非导磁性材料铝合金压铸而成，具有漏磁少、轻便、散热性好等优点。在后端盖上装有电刷架和电刷。发电机的前后端盖上通常设有通风口以便于冷却。

5）风扇。风扇一般用 1.5mm 厚的钢板冲制或用铝合金压制而成，并用半圆键装在前端盖外侧的转子轴上，如图 1-17 所示。

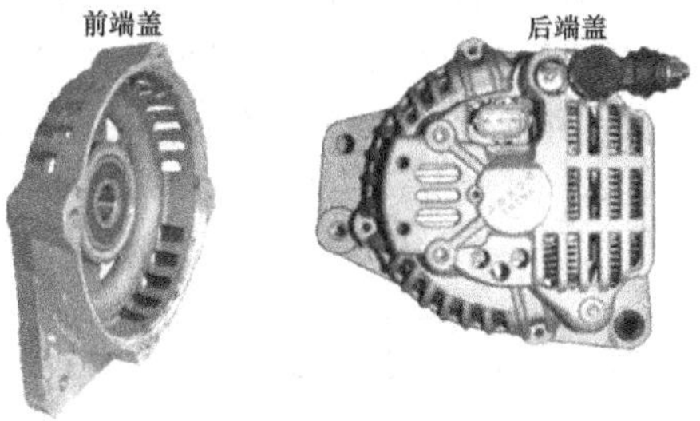

图 1-16　发电机的前后端盖

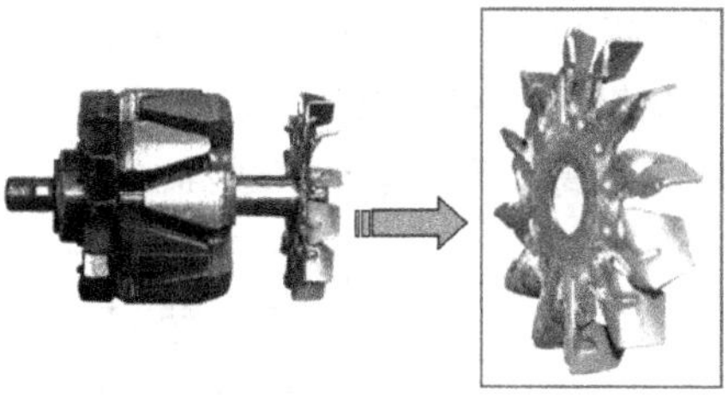

图 1-17　风扇

6）电刷与电刷架。如图 1-18 所示，电刷装在电刷架的方孔内，利用弹簧的压力使其与集电环保持良好的接触。电刷与电刷架的结构有外装式和内装式两种。

7）整流器。整流器（图 1-19）的作用是把三相同步交流发电机产生的三相交流电转换成直流电输出，一般由 6 只硅二极管接成三相桥式全波整流电路。现在很多车用硅整流发电机都装有 3 只小功率励磁二极管和 2 只中性二极管。

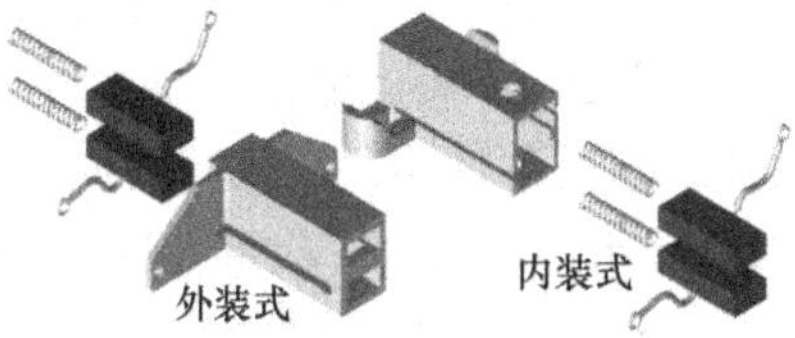

图 1-18　电刷架总成

图 1-19　整流器

硅整流发电机的整流二极管分正二极管和负二极管。正二极管的中心引线为二极管的正极，外壳为负极，管壳底部一般标有红色标记。正二极管的外壳压装或焊接在元件板上，共同组成发电机的正极，由一个与后端盖绝缘的元件板固定螺栓通至壳外，成为发电机的电枢接线柱“B”或“＋”。负二极管的中心引线为二极管的负极，外壳为正极，管壳底部一般标有黑色标记。3 个负极管的外壳压装或焊接在另一元件板上（有些压装在后端盖的 3 个孔内），和发电机外壳一起成为发电机的负极。其结构如图 1-20 所示。

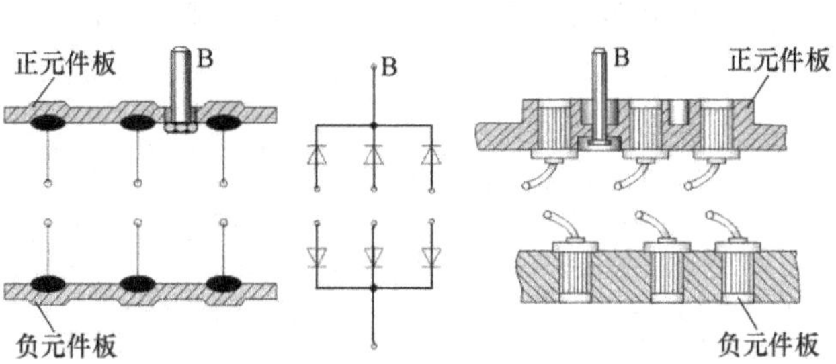

图 1-20　正负整流板

3. 交流发电机的工作原理

（1）交流发电机的发电原理

交流发电机产生交流电的基本原理是电磁感应原理。三相交流发电机的工作原理如

图 1-21 所示。交流发电机的转子是一旋转磁场，当转子由发动机带轮带动旋转时，由于定子绕组与磁感应线有相对切割运动，因此在三相绕组中产生交流电动势。交流发电机定子绕组内的感应电动势的大小与每相绕组串联的匝数及转子的转速有关。匝数越多，转速越高，感应电动势越高。

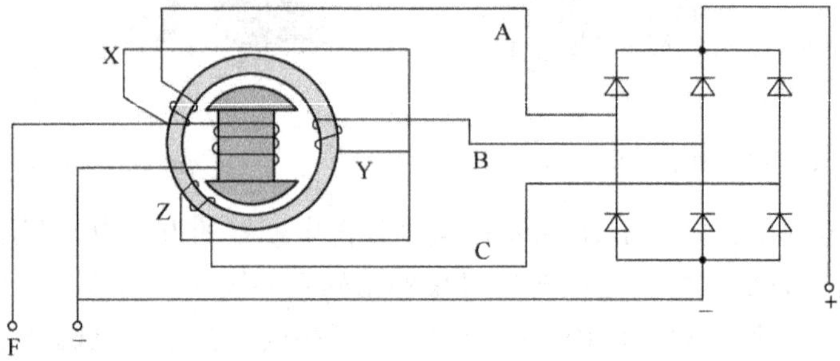

图 1-21　三相交流发电机的工作原理

（2）交流发电机的整流原理

1）三相桥式整流器。其工作原理如图 1-22（a）所示，在三相桥式全波整流电路中，3 只正二极管 VD_1、VD_2、VD_3 的负极（外壳）通过元件板连接在一起，它们的正极则分别与三相绕组的首端相连。这 3 只正二极管的导通条件是：在某一瞬间，哪一相的电压最高（相对其他两相而言），则该相的二极管导通。3 只负二极管 VD_4、VD_5、VD_6 的负极也与三相绕组的首端相连，其正极（外壳）通过元件板或端盖连接在一起。这 3 只负二极管的导通条件是：在某一瞬间，哪一相的电位最低（相对其他两相而言），则该相的二极管导通。

在硅整流发电机运转过程的每一个时间区间，总是一相电压最高，一相电位最低。整流器的 6 只整流二极管中，始终保持有两个二极管导通（一个正二极管、一个负二极管），负载 R 两端得到的是两相间的线电压。这样依此类推，循环反复，6 只二极管中两只两只轮流导通，于是得到一个较平稳的脉动直流电压，如图 1-22（b）所示。

在三相桥式整流电路中，由于在交流电的每个周期内，每只二极管只有 1/3 的时间导通，因此，流过每只二极管的平均电流 I_D 仅为负载电流 I_R 的 1/3。

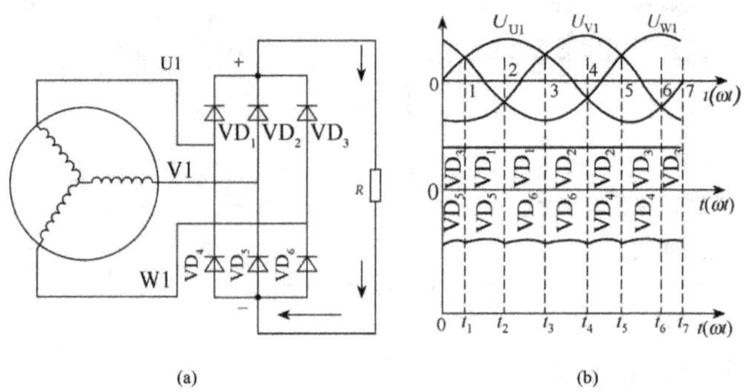

图 1-22　整流器工作原理

2）九管整流器。九管整流器的整流电路如图 1-23 所示。它是在六管整流器的基础上增加了 3 只小功率的正二极管，形成了两个三相桥式整流电路，且独立整流，由于 3 只小功率正二极管与 3 只负二极管构成的整流器是为了向发电机提供励磁电流，因此，3 只小功率正二极管被称为励磁二极管。

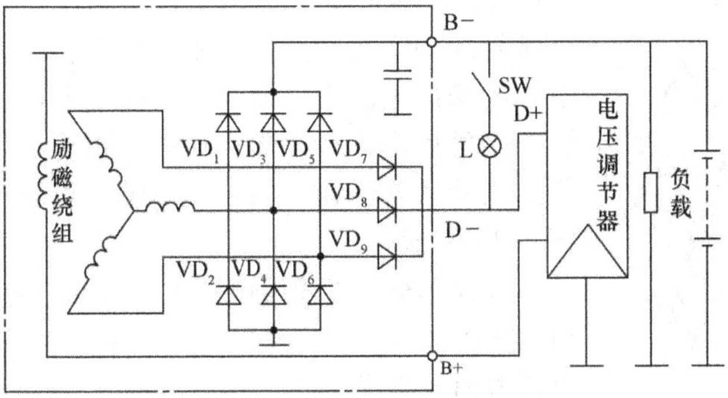

图 1-23　九管整流器整流电路

九管整流器还能用来控制充电指示灯，其原理是：发电机不发电或其电压低于蓄电池端电压时，发电机的励磁电流由蓄电池通过点火开关 SW、充电指示灯 L，经电压调节器，到发电机励磁绕组，充电指示灯被点亮，表明发电机不对蓄电池供电。当发电机电压达到或超过蓄电池端电压时，B＋与 D＋电位相同，发电机开始对蓄电池充电，这时，发电机励磁电路变为：发电机 D＋→电压调节器→发电机励磁绕组→搭铁→发电机负极，构成回路。充电指示灯熄灭，表明发电机对蓄电池充电。

3）带中性点整流管的整流器。某些发电机在其中性点和发电机正、负极间分别接一个较小功率的整流二极管，如图 1-24 所示。其作用是对中性点处的高次谐波进行整流，并将其输出电流叠加在输出端，以提高发电机的输出功率。实践证明，当带中性点二极管的发电机的转速达到 5000r/min 时，功率可提高 10%～15%。

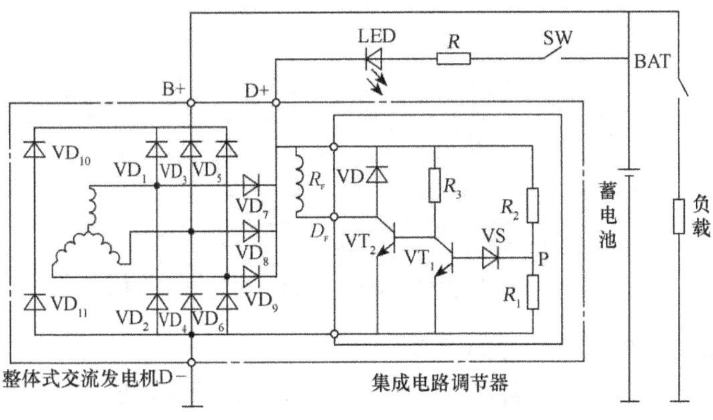

图 1-24　桑塔纳整体式交流发电机电路图

（二）电压调节器概述

1. 电压调节器的作用、特点和分类

由于交流发电机是由发动机曲轴按固定传动比驱动旋转的，因此其转速随着发动机转速的变化而变化。根据发电机的发电原理可知，发电机输出电压也会随着其转速的升高而升高。但是，汽车上的用电设备要求供给恒定电压，因此，交流发电机还需装备电压调节器，使其输出电压恒定。其外观如图 1-25 所示。

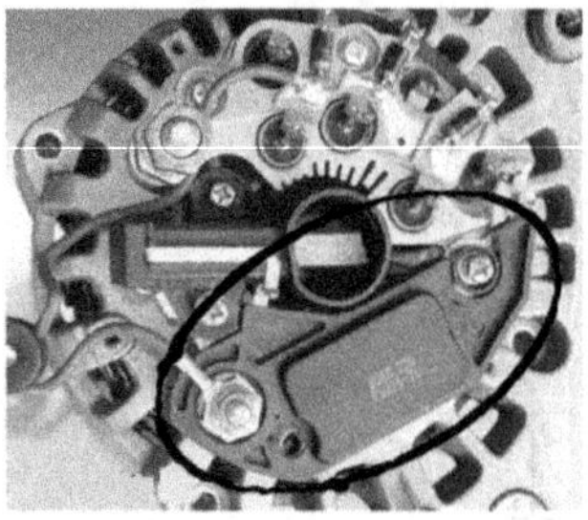

图 1-25　电压调节器

现代汽车基本使用电子式电压调节器。电子式电压调节器具有体积小、工作频率高、调节效果好、可靠性高、使用寿命长等优点。

电压调节器按其结构特点和工作原理大致可分为电磁振动式电压调节器和电子式电压调节器。

2. 电压调节器的结构与工作原理

（1）晶体管电压调节器

晶体管电压调节器是利用晶体管的开关特性制成的，即将晶体管作为一只开关串联在发电机的励磁电路中，根据发电机输出电压的高低，控制晶体管的导通和截止，以调节发电机的励磁电流，使发电机的输出电压稳定在规定的范围之内。晶体管电压调节器有内搭铁式和外搭铁式两种。

1）内搭铁式晶体管电压调节器。内搭铁式晶体管电压调节器的基本电路如图 1-26 所示。VT_1 为小功率晶体管，VT_2 为大功率晶体管，VD 为稳压二极管。

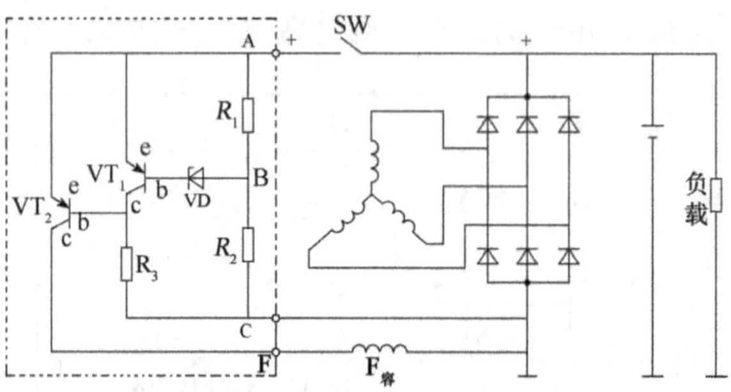

图 1-26　内搭铁式晶体管电压调节器的工作原理图

内搭铁式晶体管电压调节器的工作原理如下：

当点火开关 SW 闭合后，蓄电池电压便加在 A、C 两端，R_1 上的分压 U_{AB} 通过晶体管 VT_1 的发射极加到稳压管 VD 上，此时，由于蓄电池电压低于发电机的规定电压值，故加到稳压管上的电压值低于稳压管的反向击穿电压 U_{VD}，稳压管 VD 截止，VT_1 无基极电流也截止。VT_2 由 R_3 提供偏置电流而处于饱和导通状态，蓄电池便经 VT_2 给发电机励磁绕组提供励磁电流，电流路径如下：蓄电池“＋”端子→点火开关 SW→电压调节器“＋”接线柱→VT_2（e，c）→调节器“F”接线柱→发电机“F”接线柱→发电机励磁绕组→搭铁→蓄电池端子。

若此时发电机运转，发电机输出电压就会随转速的升高而升高。当发电机输出电压升到蓄电池端电压时，发电机开始自励发电。当发电机输出电压超过规定值时，通过 R_1 的分压加到稳压管 VD 上的电压超过稳压管 VD 的反向击穿电压，稳压管导通，VT_1 获得基极电流而导通。VT_1 导通后，VT_2 的发射极被短路，故 VT_2 截止，从而切断发电机的励磁电流，使得发电机的输出电压迅速下降。

当发电机电压降到低于规定值时，加到稳压管 VD 上的电压又低于其反向击穿电压，稳压管重新截止，使 VT_1 也截止，VT_2 重新导通，从而接通发电机的励磁电路，使发电机的输出电压又升高。如此反复，发电机的输出电压便稳定在规定的调节范围内。

2）外搭铁式晶体管电压调节器。外搭铁式晶体管电压调节器的基本电路如图 1-27 所示。其特点是功率晶体管串联在发电机励磁绕组的搭铁端，即发电机励磁电路是通过调节器的功率晶体管来搭铁的，因此，必须与外搭铁的交流发电机配套使用。另外，其功率晶体管以 NPN 型为主。

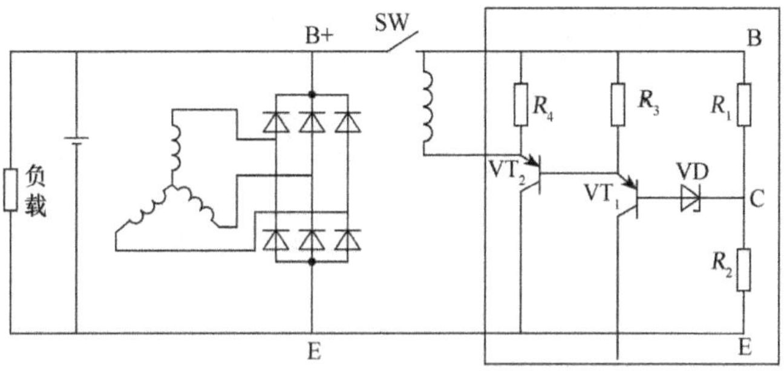

图 1-27　外搭铁式晶体管电压调节器的工作原理图

外搭铁式晶体管调节器也是由功率晶体管、信号放大和控制电路、电压信号的检测电路 3 部分组成，其工作原理与内搭铁式晶体管调节器基本相同。

（2）集成电路电压调节器

集成电路电压调节器是利用集成电路（IC）组成的电压调节器，其工作原理与晶体管电压调节器完全一样。除具有晶体管电压调节器的优点外，集成电路电压调节器还有体积小、质量轻、性能可靠、耐高温、耐振动、使用寿命更长等优点。现代汽车大量采用集成电路电压调节器，例如，JT151 型、JT152 型混合集成电路电压调节器已与国产发动机配套使用，这种发电机称为整体式交流发电机。

集成电路电压调节器装在发电机上，可直接检测发电机的输出电压，也可通过导线检测蓄电池端电压的变化来调节发电机的输出电压。因而根据其电压检测点的不同，集成电路电压调节器的电压检测方法可分为发电机电压检测法和蓄电池电压检测法两种。

1）发电机电压检测法。其基本电路如图 1-28 所示。加在分压器 R_1 和 R_2 上的电压是磁场二极管输出端 L 的电压 U_L，U_L 和发电机 B 端的电压 U_B 相等，检测点 P 的电压为

$$U_p=U_LR_2/(R_1+R_2)=U_BR_2/(R_1+R_2)$$

由于检测点 P 加到稳压管 VD_1 两端的反向电压与发电机的端电压 U_B 成正比，因此该线路称为发电机电压检测法。

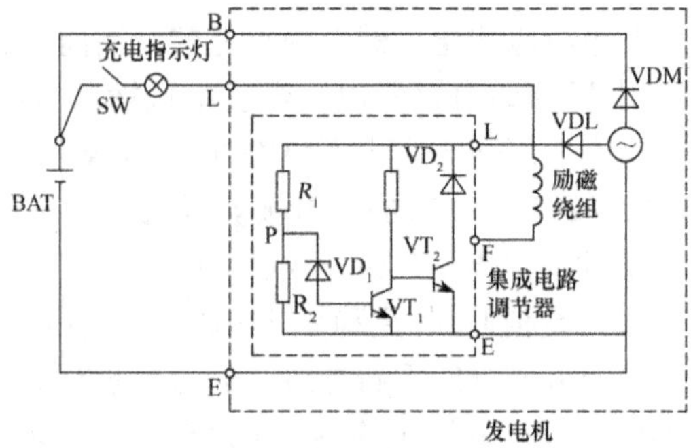

图 1-28　发电机电压检测法

2）蓄电池电压检测法。其基本电路如图 1-29 所示。加到分压器 R_1 和 R_2 的电压为蓄电池端电压，通过检测点 P 加到稳压管 VD_1 上的反向电压与蓄电池端电压成正比。

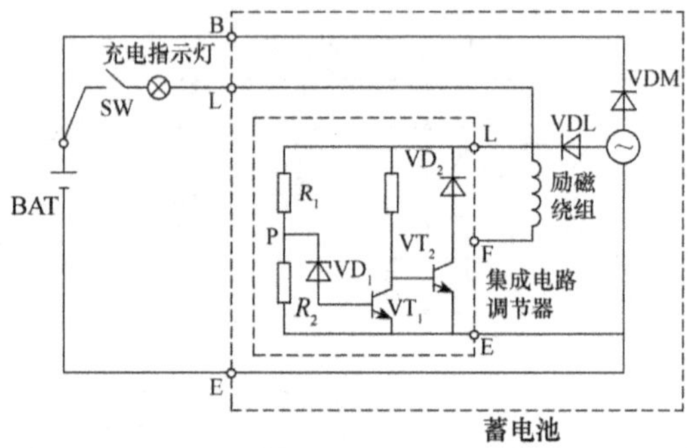

图 1-29　蓄电池电压检测法

在上述两种基本线路中，采用发电机电压检测法时，发电机的引线可以少一根，但缺点是当 B 到 BAT 接线柱之间的电压降较大时，蓄电池的充电电压将会偏低，使蓄电池充电不足。故大功率发电机一般采用蓄电池电压检测法。但采用这种检测法时，如 B 到 BAT 之间断路就不能检测到发电机的端电压，发电机电压将会失控，因此须在调节器内部采取一定的保护措施。

专业知识拓展

（一）交流发电机的检修

交流发电机不发电的原因很多，例如，励磁线圈搭铁、断路、短路；电枢绕组搭铁、断路、短路；集电环脏污；电刷卡死、磨损过度；电刷弹簧弹力不足等。除此之外，交流发电机还有诸如异响和发电不稳等故障。

下面介绍车用交流发电机的拆装与检修方法。

1. 交流发电机的拆卸

1）拧出发电机调节支架与发电机的固定螺栓。
2）拧下发电机与发动机的固定螺栓。
3）取出发电机。

2. 交流发电机的分解

1）拧出发电机的前端盖与后端盖的连接紧固螺栓。
2）为了在复装发电机转子时方便，应先在发电机后端盖的电刷弹簧固定孔，装入临时电刷安装压紧销。
3）用工具将发电机的前、后端盖分离。
4）用专用拆装工具拧出发电机带轮的锁紧螺母。
5）将前端盖与转子和散热风扇分离。
发电机的分解示意图如图1-30所示。

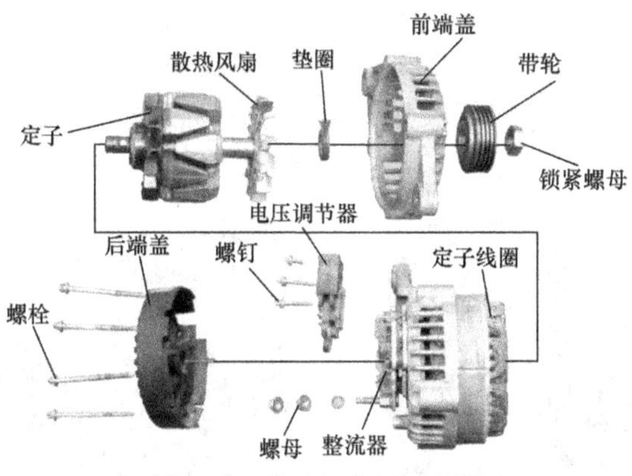

图1-30　发电机分解示意图

3. 交流发电机的检修

（1）转子总成的检修
1）短路、断路检查。如图1-31所示，用万用表检测两个集电环间的电阻，其值应为3～4Ω。大于4Ω或为无穷大，说明有断路故障；小于3Ω，说明有短路故障。有故障的转子应修理或更换。
2）搭铁检查。如图1-32所示，用万用表检测集电环与转子轴之间的阻值，应为无穷大；否则，有搭铁故障，应予以修理或更换。

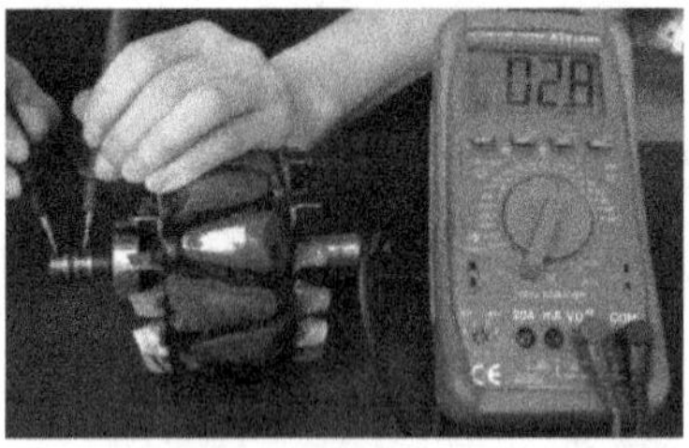

图 1-31　转子总成的短路、断路检测

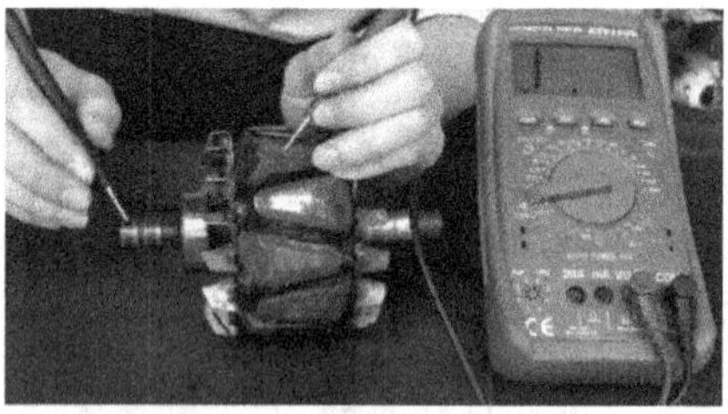

图 1-32　转子搭铁检查

3）集电环的检测。仔细检查集电环表面，应光滑平整，若有划伤或沟槽，应用 00 号砂纸磨光；用游标卡尺测量集电环的外径，其值不得小于标准直径 0.5mm，否则应更换；测量集电环的厚度应不小于 2mm。

（2）定子总成的检修

1）定子总体检查。电枢绕组表面不得有刮痕，导线表面不得有碰伤、绝缘剥落等现象，绕组不得有搭铁、断路、短路等现象。

2）搭铁检查。如图 1-33 所示，将中性点烫开，使三相绕组导线分离，用万用表分别测试定子铁心与绕组各端之间的电阻值，其值应为无穷大，否则表明有搭铁故障，应予以修理或更换。

3）断路检查。如图 1-34 所示，用万用表分别测试每两个绕组端头之间的电阻，其值应接近零，否则电路有断路故障，应更换新品。

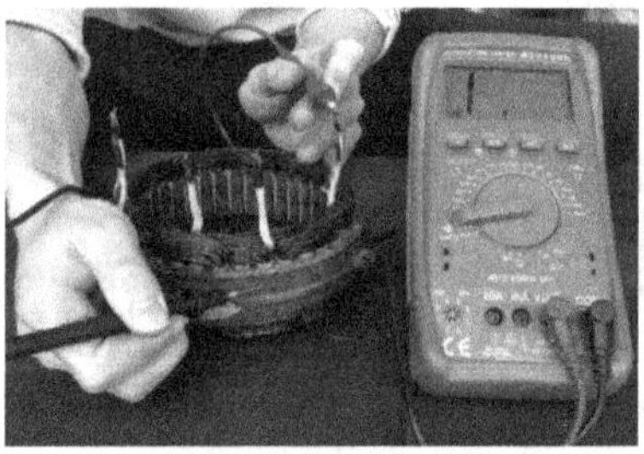

图 1-33　定子搭铁检测

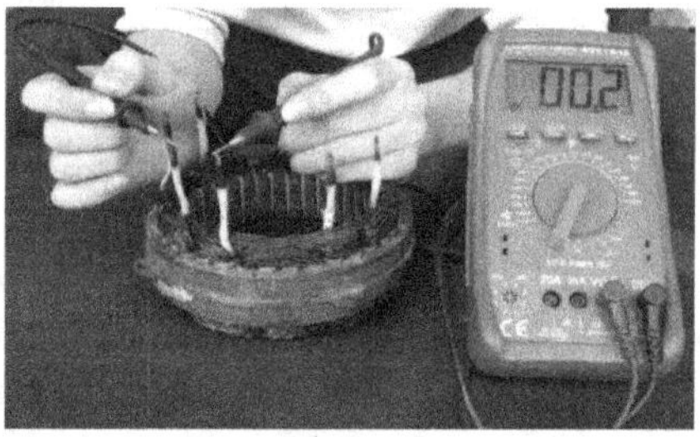

图 1-34　定子断路检测

4）绝缘检查。检查绕组的表面，看漆包线有无变成焦糊色或严重脱漆皮现象，或闻到严重的焦糊味，若有则说明定子绕组有短路故障。

（3）电刷架组件的检修

1）电刷架的检修。电刷架应无变形、无破损，否则应予以更换。

2）电刷的检修。电刷在电刷架内应活动自如，无卡滞。新电刷的长度为 13mm，允许磨损极限为 5mm，超过此极限应更换。更换电刷时，应用 00 号砂纸覆在集电环上，用手按住电刷，沿集电环弧面左右推动，摩擦砂纸，使电刷磨出与集电环吻合的弧面，其接触面积应不小于 75%，保证电刷与集电环贴合良好。电刷与集电环接触的表面应无油污，集电环表面应无明显的氧化层。

3）电刷弹簧的检修。电刷弹簧的自由长度应符合维修使用说明要求，弹力为 1～2N。可用弹簧秤检测弹簧弹力。

（4）整流器的检修

如图1-35和图1-36所示，将万用表调到$R\times1$挡，红色表笔接元件板，黑色表笔接二极管的引线，测得阻值为R；将万用表调到$R\times10k$挡，并且将两个表笔对换，测得的阻值为r。

若阻值R、r均接近零，说明该二极管短路，应更换。

若阻值R、r均为∞，说明该二极管断路，应更换。

若阻值R为8～10Ω，r＞10kΩ，说明该二极管正常，且为正二极管。

若阻值R＞10kΩ，r为8～10Ω，说明该二极管正常，且为负二极管。

更换二极管时应注意所换元器件的规格、极性及性能应与被换二极管的一致。

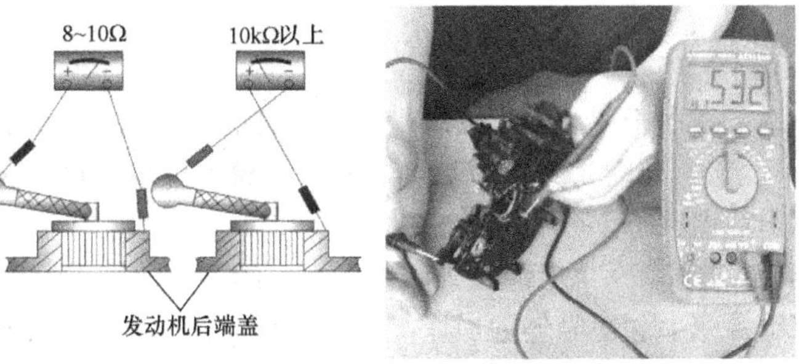

图1-35　二极管的正向检测

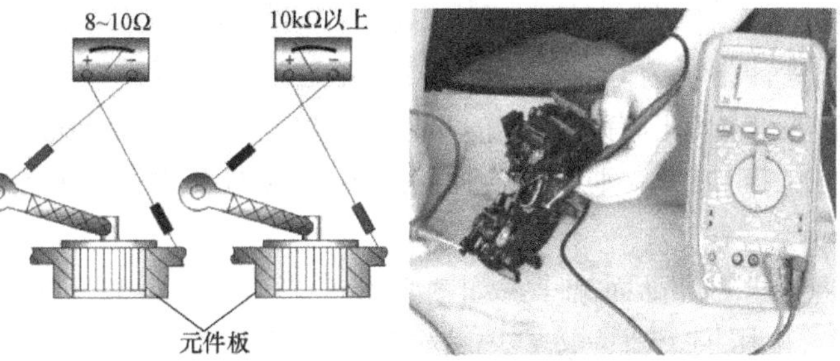

图1-36　二极管的反向检测

（5）前后壳体、后端盖及轴承的检修

1）前后壳体、端盖的检修。发电机端盖不允许有裂纹，且安装孔不能过于松动，否则应做镶套处理。端盖上的轴承孔与轴承外径一般要有0.01～0.02mm的过盈量。

2）轴承的检修。轴承应转动灵活，无明显的杂声，滚珠与滚道上应无斑点，轴承的轴向、径向间隙应不小于0.2mm，否则应更换。

4. 交流发电机的装配

发电机的装配可按解体的相反顺序进行，在装配过程中应注意以下几个问题：

1）各绝缘衬套及绝缘垫圈不得漏装。

2）发电机前、后端盖及定子铁心应按装配标记对正装合。

3）各螺栓应按规定力矩拧紧。

4）装合后，转子在定子内应转动灵活，无碰擦现象。否则，应拧松前、后端盖紧固螺栓，边转动转子，边用木质器具轻轻敲击发电机端盖边缘，直至转子转动灵活时，再将紧固螺栓均匀拧紧。

5）硅整流发电机的所有接线必须连接正确，并谨防各接头接地；蓄电池必须负极搭铁；各线路连接好之前，最好不要转动发电机，以防烧坏二极管、熔丝及线路。

6）发电机装车后，应检查其传动带张力。用拇指以 39.2～49N 的力按压传动带的中间部位时，传动带的挠度应为 8～12mm。否则，应将木棒放在发电机前盖处撬动调整，直至符合要求（不得在后盖处撬动，以防后盖变形损坏元件）。调好后，将紧固螺栓锁紧。

（二）电压调节器的检修

1. 晶体管电压调节器的常见故障与检修

晶体管电压调节器由于使用不当或质量不佳，可能出现以下故障：

1）发电机不发电。原因为大功率晶体管断路，稳压管或小功率晶体管损坏，使功率晶体管一直处于截止状态。

2）发电机电压过高，充电电流过大，蓄电池电解液沸腾，消耗快。原因是大功率晶体管短路，稳压管或小功率晶体管损坏，使功率晶体管一直处于导通状态。

若出现上述故障，对电压调节器进行检查的方法如下：在电压调节器“F”接线柱和发电机“F”接线柱之间，串联一只量程为 10A 的直流电流表，用以测量励磁电流和转速之间的变化关系。起动发动机，观察电流表指针的指示情况。

① 若电流表指针指示为 0，多为晶体管断路故障，应更换新品。

② 若电流表在低转速时有较稳定的指示，而在转速升高到 800～1000r/min 之后，指示值随转速的升高而加大，则为 VT_2 短路或 VD、VT_1 断路（参见图 1-26），如图 1-37 所示，应更换新品。

③ 若电流随转速的升高而减小，如图 1-37 中虚线所示，表示电压调节器良好。

另外，晶体管电压调节器应按要求做相应的性能测试，如不符合标准可加以调整，若调整后调节电压还不能满足要求则只能报废。

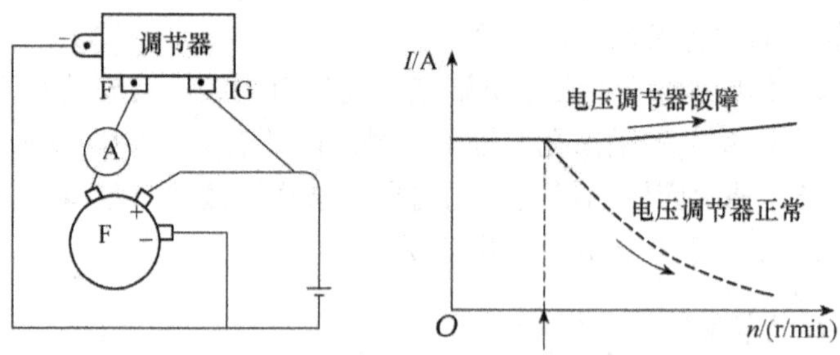

图 1-37 晶体管电压调节器的检查

2. 集成电路电压调节器的检修

集成电路电压调节器为全密封不可拆结构，其损坏和失效后只能更换新品，无法修复和调整，故只需确认电压调节器好坏即可。判断其好坏最简单的方法是就车检查，检查之前要清楚集成电路电压调节器与外部连接端子的含义。集成电路电压调节器用以下端子符号（通常在发电机端盖上标注）表示。

“B+”为发电机输出端子，用一根较粗的导线连至蓄电池正极或起动机上。

“IG”通过线束接至点火开关（有的发电机无此端子）。

“L”为充电指示灯连接端子，该端子通过线束接仪表板上的充电指示灯或充电指示继电器。

“S”或“R”为调节器的电压检测端子，通过一根稍粗的导线通过线束直接连接蓄电池正极。

“F”为发电机和电压调节器的搭铁端子。

就车检查时，首先拆下发电机上的所有连接导线，在蓄电池正极和交流发电机“L”接线柱之间串联一只 12V、20W 车用灯泡（对于 24V 电压调节器可用 24V、25W 的车用灯泡），再将可调直流稳压电源的正极接至交流发电机的“S”接头，负极与发电机外壳或“E”相接，如图 1-38 所示。调节稳压电源，使电压缓慢升高，直到灯泡熄灭。

该直流电压值就是集成电路电压调节器的调节电压值，如该值在 13.5～15V 范围内，说明调节器正常，否则说明该集成电路电压调节器有故障，应更换新品。

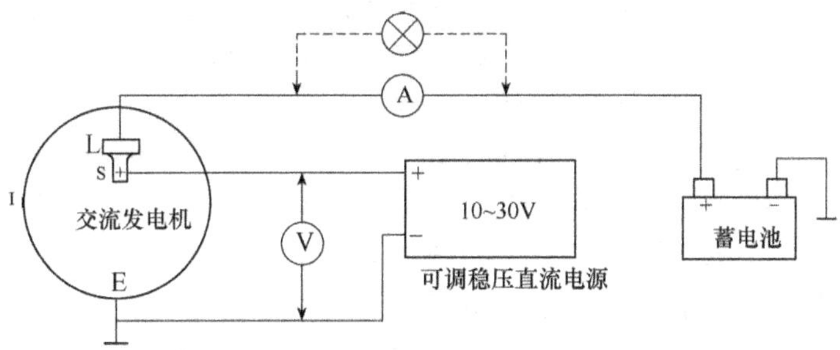

图 1-38 集成电路电压调节器的检查

（三）硅整流发电机使用的注意事项

1）蓄电池必须负极搭铁，不得接反，否则蓄电池将通过整流二极管短路放电，烧坏整流二极管。

2）发电机运转时，不能采用刮火法检查发电机是否发电，否则容易损坏调节器触点和发电机的二极管。

3）若发现发电机不发电或充电电流很小，应及时找出故障点并予以排除，不能继续使用。

4） 整流器的 6 只二极管与定子绕组相连时，禁止用兆欧表或 220V 交流电源检查发电机的绝缘性能，否则将击穿二极管。

5）发电机自行熄火时，应将点火开关断开，否则蓄电池将长期经蓄电池绕组和调节器放电。

6）发动机运转时，不得随意切断发电机与蓄电池之间的导线，以免产生过电压，烧坏元器件。

7）发电机要与专用调节器配套使用，并确保连线正确可靠。

案例分析

故障现象：在闭合点火开关后，汽车仪表显示正常，但充电指示灯不亮，且将点火开关置于Ⅱ挡（起动挡）时，起动机无反应。

故障诊断：

1）检查充电指示灯，充电指示灯显示正常。

2）因该车充电指示灯受组合继电器控制，所以又拆下组合继电器进行检查，也未发现问题。

3）参照该车组合继电器电路接线图可知，在发动机未运转的情况下闭合点火开关Ⅰ挡或Ⅱ挡时，充电指示灯将会因得电而发亮，其电流流经蓄电池正极→点火开关→充电指示灯→组合继电器中充电指示继电器的常闭触点→搭铁。

该车在闭合点火开关后充电指示灯不亮，经分析认为应是充电指示继电器的常闭触点断开所造成的，故怀疑此时充电指示继电器电源端有电压。该车充电指示继电器电源端接在交流发电机 IG 接线柱上，因此拆下交流发电机分解检查，这时发现该交流发电机正整流板上有一只二极管已击穿短路。

交流发电机正整流板上一只二极管被击穿短路后，蓄电池电流就会流经交流发电机电枢 B+接线柱→该短路二极管→交流发电机 IG 接线柱→充电指示继电器线圈→搭铁，使充电指示继电器得电动作，吸开其常闭触点，从而既切断了充电指示灯的搭铁回路，又切断了起动继电器的搭铁回路，所以闭合点火开关时会出现前述故障。

故障原因：驾驶员曾经误把蓄电池极性接反，致使蓄电池电流在无任何负载的情况下流过交流发电机整流二极管而造成二极管击穿。

故障修复：更换整流器总成。

课后任务

请根据所学内容进行科学合理的汽车配件与维修设备调查，并完成表 1-14。

表 1-14　发电机故障配件与维修设备设计

配件名称	型　号	适用车型	价　格	信息来源
发电机				
电压调节器				
电刷				
万用表				

学习子任务三　电源系统故障的检修

任务要求

完成本学习任务后，应该能够：

1）正确完成企业维修接待任务。

2）正确描述汽车电源系统的组成和工作原理。

3）正确描述汽车电源系统各部件结构的特点和作用。

4）正确识别电源系统的常见故障，并完成检修作业。

5）正确完成企业标准验收任务，评价和反馈工作过程，完成任务工单。

情景导入

一辆丰田卡罗拉轿车行驶总里程 100000km，放置车库两天后发现汽车无法起动，且充电指示灯常亮。

学习过程

1）完成维修接待，提高客户的满意度。

2）收集信息，学习相关能力的知识，了解故障可能产生原因。

3）制订工作计划，并进行决策执行，确定使用仪器设备、工具、量具，并对小组进行合理分工，制订详细、科学且易于操作的工作方案。

4）根据实际车辆情况，小组完成工作计划每个步骤的落实与改进工作方案。

5）完成交车与讲解维修作业工作，提升技能综合能力。

6）展示学习成果，提升学习自信心。

7）评价与反思，建立健全的学习机制，养成良好的职业素养。

学习咨询

（一）电源系电路的工作原理

各种车型的电源系电路各有不同之处，但其基本原理是一样的。下面以桑塔纳 2000 系列轿车电源系电路图为例来说明其工作过程。

桑塔纳 2000 系列轿车采用整体式交流发电机，电源系线路如图 1-39 所示。

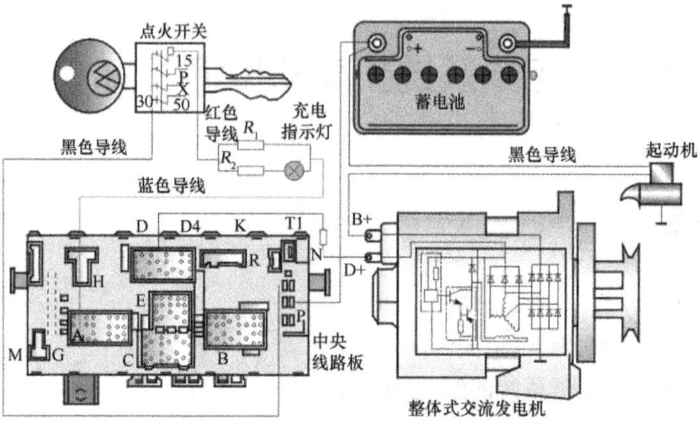

图 1-39　桑塔纳 2000 系列轿车电源系电路

整体式交流发电机输出端 B＋用红色导线与起动机 30 端子连接，输出端 D＋用蓝色导线经蓄电池旁边的单端子连接器 T1 后与中央线路板 D 插座的 D4 端子连接，再经中央线路板内部电路与 A 插座的 A16 端子相连。点火开关 30 端子用红色导线经中央线路板上的单端子插座 P 与蓄电池正极连接，点火开关 15 端子用黑色导线与仪表盘左下方黑色 14 端子插座的 14 号端子连接，经仪表盘的印制电路上的电阻 R_1、R_2 和充电指示灯（R_2 和充电指示灯串联后再与 R_1 并联）和二极管接回到黑色 14 端子插座的 12 号端子，再用蓝色导线与中央线路板 A 插座的 A16 端子连接。

由图 1-39 可知，当点火开关置于 1 挡时，发电机转速低于 1200r/min 时，发电机的输出电压低于蓄电池的端电压，发电机不给蓄电池充电，蓄电池向用电设备供电，同时为发电机提供励磁电流，其电流路径为：蓄电池“＋”端子→红色导线→中央线路板单端子插座 P 端子→中央线路板内部→中央线路板单端子插座 P 端子→点火开关 30 端子→点火开关→点火开关 15 端子→黑色导线→仪表盘下方黑色 14 端子插座的 14 号端子→仪表盘印制电路→电阻 R_2 和充电指示灯（发光二极管）→黑色 14 端子插座的 12 号端子→蓝色导线→二极管→中央线路板 A16 端子→中央线路板内部线路→中央线路板 D4 端子→单端子连接器 T1（蓄电池旁边）→交流发电机 D＋端子→发电机的励磁绕组→电压调节器功率管→搭铁→蓄电池“－”端子。此时充电指示灯有电流通过，故充电指示灯亮。

当发动机转速达到或高于 1200r/min 时，发电机的输出电压高于蓄电池的端电压，发电机给用电设备供电，3 只励磁二极管的共阴极端子 D＋同时向励磁绕组供电，发电机给蓄电池充，充电电流路径为：交流发电机电枢 B＋端子→起动机电磁开关 30 接线柱→蓄电池“＋”端子→蓄电池“－”端子→搭铁。

此时，中央线路板 A16 端子的电势高于点火开关 15 端子的电势，由于二极管的单向导电性，故充电指示灯无电流通过，充电指示灯熄灭，指示发电机工作状况良好。

（二）电源系常见故障的诊断与排除

汽车电源系常见故障有充电电流不稳（指示灯时亮时灭）、充电指示灯不亮、充电电流过大及充电电流过小等。

现以桑塔纳轿车为例，介绍汽车电源系常见故障的诊断与排除方法。

1. 充电电流不稳

（1）充电电流不稳的原因

桑塔纳轿车充电电流不稳，即充电指示灯时亮时灭。

1）发电机驱动带挠度过大而出现打滑现象。

2）发电机个别整流二极管断路、一相定子绕组连接不良或断路而导致发电机输出功率不足。

3）发电机电刷磨损过多。

4）集成电路电压调节器调节电压过低。

（2）充电电流不稳的检修方法

1）检查驱动带的挠度是否符合规定。

2）拆下集成电路电压调节器和电刷组件总成，并按前述集成电路电压调节器与电刷组件检修方法进行检修。如果调节电压过低（低于13.5V）或电刷高度过低（低于5mm），则应更换新品。

3）如果集成电路电压调节器和电刷组件良好，说明发电机二极管、定子绕组断路，需拆下发电机总成进行试验与检修。其故障诊断与排除流程如图1-40所示。

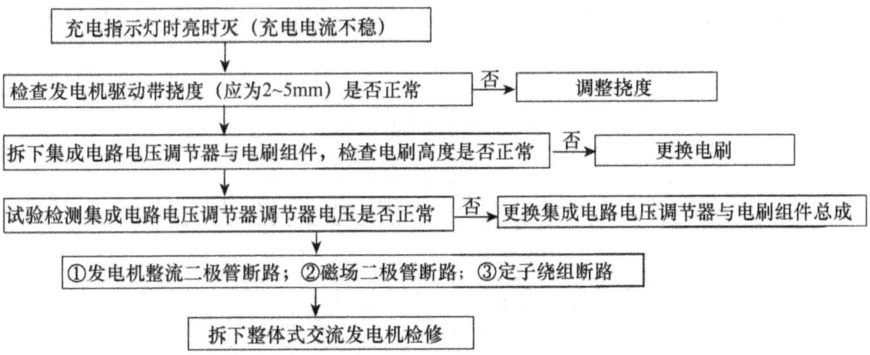

图1-40　充电电流不稳故障诊断与排除流程图

2. 充电指示灯不亮

（1）充电指示灯不亮的原因

充电指示灯线路断路或线路中的零部件存在故障。其主要原因如下：

1）充电指示灯坏或与之串联的电阻R_2断路。

2）指示灯线路断路或线路中的二极管断路。

3）点火开关故障。

4）发电机不发电。

5）集成电路电压调节器故障。

（2）充电指示灯不亮的检修方法

在诊断和排除桑塔纳轿车电源系统故障时，可参考图 1-40 和全车线路附图。充电指示灯不亮的检修方法参考图 1-41。

在预励磁电路中，由于充电指示灯与电阻 R_2 串联后又与电阻 R_1 并联，当指示灯 LED 或 R_2 断路时，流过 R_1 的电流仍能使发电机预励磁发电，因此，在排除指示灯不亮故障时，应分为发电机能发电与发电机不发电两种情况进行排除。

当接通点火开关时，充电指示灯不亮，起动发动机后发电机又能发电，说明磁场电路能接通，电流经电阻 R_1 向发电机预励磁，故障原因是充电指示灯坏或电阻 R_2 断路。

当接通点火开关时，充电指示灯不亮，起动发动机后发电机又不发电，排除故障的方法如下：

1）断开点火开关，检测 30 端子与发电机壳体间的电压，如果电压为 12 V 左右，则继续检查；如 30 端子电压为零或过低，说明该端子至蓄电池正极柱之间的连线断路、端子松脱或蓄电池故障。检查断路故障时，可用 12 V 试灯（该车仪表灯亦可）一端搭铁，另一端接检测部位进行检查。试灯发亮说明线路良好，试灯不亮说明有断路故障。

2）接通点火开关（发动机不起动），检测 15 端子与发电机壳体间的电压，如果电压为 12V 左右，则继续检查；如果 15 端子电压为零，说明点火开关故障，应予以检修或更换。

3）在点火开关 15 端子与发电机 D＋端子之间串接一只 12 V/12 W 左右的试灯，如果试灯发亮，说明点火开关 15 端子与发电机 D＋端子之间线路断路；如果试灯不亮，说明磁场绕组断路或电压调节器故障，应予以修理或更换发电机总成。其故障诊断与排除流程如图 1-41 所示。

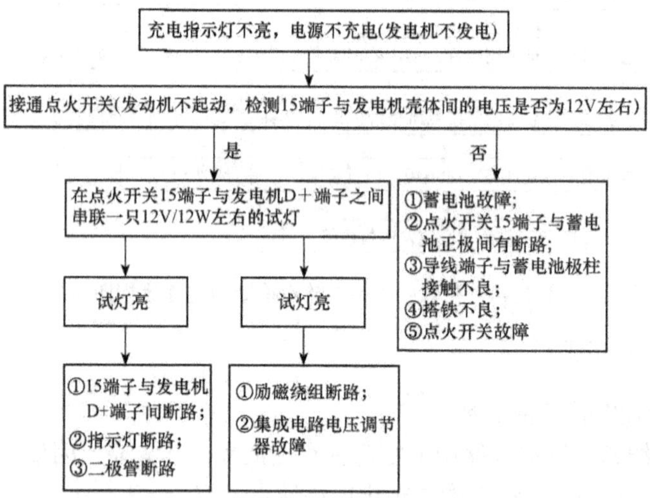

图 1-41　充电指示灯不亮故障诊断与排除流程图

3. 充电电流过小

（1）充电电流过小的原因

充电电流过小主要有发电机和调节器两方面的原因。

1）发电机方面的原因有：传动带过松，个别二极管断路，定子绕组有一相连接不良或断路，电刷磨损过度及滑环上有油污使电刷与集电环接触不良等。

2）电压调节器方面的原因有：低速触点烧蚀、脏污等造成接触不良，电压调节过低。

（2）充电电流过小的检修方法

汽车电源系充电电流过小故障诊断与排除流程如图 1-42 所示。

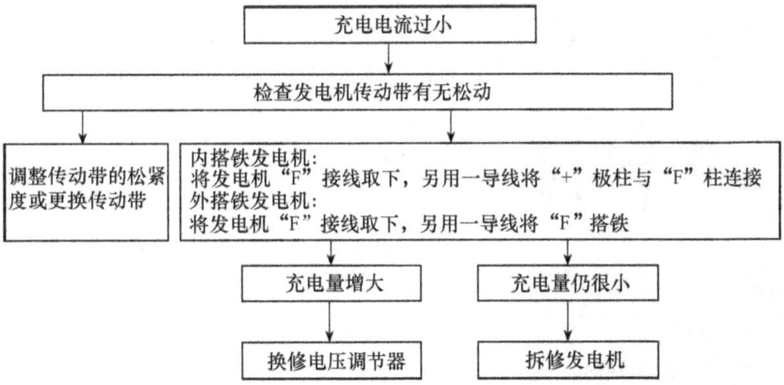

图 1-42　充电电流过小故障诊断与排除流程图

4. 充电电流过大

充电电流过大，多是由于电压调节器有故障引起的，如电压调节过高，调节器低速触点烧结，调节器磁化线圈补偿电阻烧断以及调节器搭铁不良等。对于晶体管电压调节器或集成电路电压调节器，如发生此类故障应更换新品。

专业知识拓展

1. 测量寄生电流的准备工作

测量寄生电流的准备工作见表 1-15。

表 1-15　测量寄生电流的准备工作

 图 1  图 2	如图 1 和图 2 所示进行工作准备。 1）明确目的是查明蓄电池电量流失的原因。 2）在进行寄生电流测试之前，蓄电池必须充满电。 3）将转接器开关旋至关闭/开路位置。 笔记：______

2. 安装测试转接器

安装测试转接器过程见表 1-16。

表 1-16 安装测试转接器

<table>
<tr>
<td>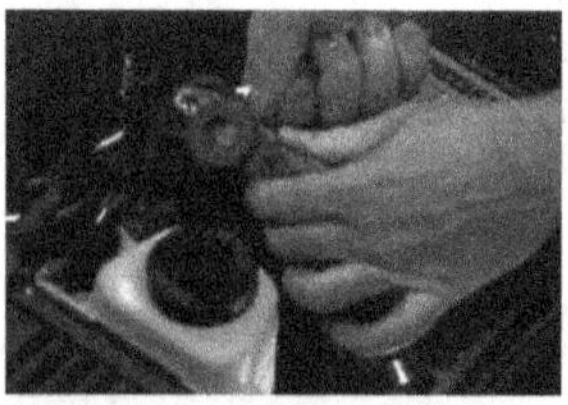
图 1

图 2</td>
<td>如图 1 和图 2 所示安装转接器。
1）将测试转接器安装在蓄电池的负极和负极电缆线之间。
2）将转接器开关旋至闭合位置。
笔记：</td>
</tr>
</table>

3. 路试

路试过程见表 1-17。

表 1-17 路试过程

<table>
<tr>
<td>
图 1

图 2</td>
<td>如图 1 和图 2 所示路试打开各种开关。
1）在路试过程中打开所有电气附件，包括收音机和空调。
2）将点火开关置于关闭位置，并拔出钥匙。
笔记：</td>
</tr>
</table>

4. 选择万用表

选择万用表过程见表 1-18。

表 1-18　选择万用表过程

<table>
<tr>
<td>
图 1
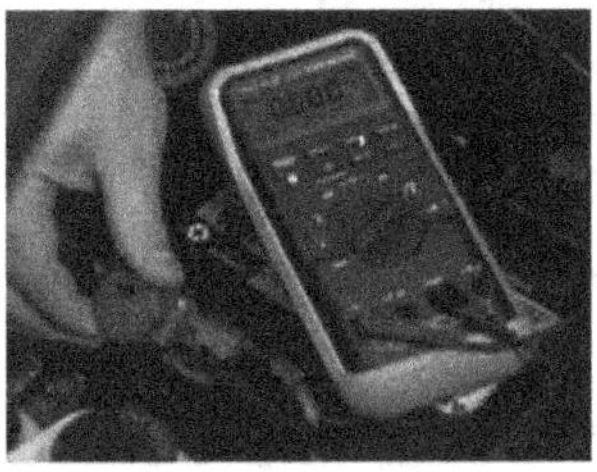
图 2</td>
<td>如图 1 和图 2 所示选择万用表。
1）将数字万用表连接到测试开关的接线端，并将万用表的量程调至 10A 挡。
2）将转接器开关旋到关闭位置。
3）1min 后，记录电流的读数。
4）电流低于 2A，则需要更换到更精确的量程。
5）改变万用表的量程之前，务必将测试转接器的开关旋至闭合位置。
6）显示的读数是 2A 或更高，切勿使用 2A 的量程，否则会损坏万用表。
笔记：________________</td>
</tr>
</table>

5. 测量寄生电流

测量寄生电流过程见表 1-19。

表 1-19　测量寄生电流过程

<table>
<tr>
<td>
图 1

图 2</td>
<td>如图 1 和图 2 所示测量寄生电流。
1）将转接器开关旋至关闭/开路位置。
2）等待 20min（控制模块进入休眠模式）后，记录下一读数。
3）在测试期间，不得打开车门或拉动门把手，否则会激活控制模块，导致万用表熔丝熔断。
笔记：________________</td>
</tr>
</table>

6. 计算寄生电流

计算寄生电流过程见表 1-20。

表 1-20 计算寄生电流过程

 图 1  图 2	如图 1 和图 2 所示计算寄生电流。 1）将读数与允许的寄生电流进行比较。 2）允许的电流值可能列在维修手册内或由蓄电池储备容量。 3）除以 4 计算得出，计算结果表示允许的寄生电流大小，单位为 mA（毫安）。 4）寄生电流小于允许的电流，可检查蓄电池和充电系统。 5）寄生电流高于允许的电流，则需查找漏电位置。 笔记：

7. 检查寄生电流漏电位置

检查寄生电流漏电位置过程见表 1-21。

表 1-21 检查寄生电流漏电位置过程

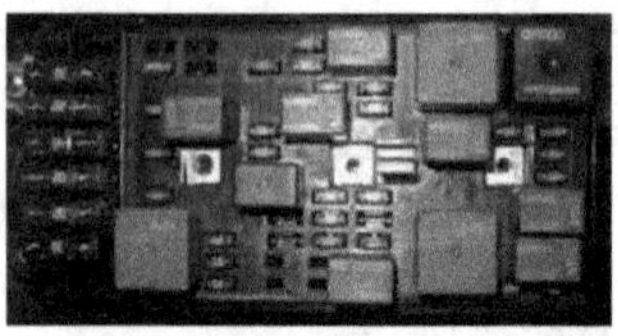 图 1  图 2	如图 1 和图 2 所示检查寄生电流位置。 1）依次拔插每个熔丝，直至找到故障点。 2）拔插熔丝时，为防止万用表受损，测试转接器的开关必须处于闭合的位置。 3）寄生电流在熔丝拔除后下降至允许的电流范围，该熔丝供电的电路导致了过高的寄生电流。 4）未装熔丝的电路或组件（如发电机）断开这种未装熔丝的电路，以判断其是否导致过高的寄生电流。 5）每次修好了寄生电流故障后，务必重复该测试。 笔记：

案例分析

故障现象：一辆 2006 年款福特蒙迪欧轿车，行驶里程 56000km。该车因蓄电池亏电，造成发动机无法正常起动。

故障诊断：经过与车主沟通得知，该车在晚上确认灯光关闭的情况下停放，第二天早上车辆就无法正常起动。经初步诊断，确认为蓄电池亏电，于是对相关系统进行进一步检查。

1）检测蓄电池和发电机。

① 起动车辆，在用电器全开的情况下，首先用万用表测量发电机的充电电压为 13.6 V 左右，属于正常范围之内。

② 用万用表检测车辆的放电电流为 0.18 A，也无异常。

③ 对蓄电池充电近 4 h 后，用蓄电池测试仪检测蓄电池的放电情况，结果显示指针偏向绿色正常区域。

④ 再次用福特专用故障诊断仪 WDS 对发电机的输出波形和频率进行检测，在怠速时读取发电机工作频率为 1000 Hz 左右，确定发电机工作正常。

2）蓄电池和发电机正常，可以排除蓄电池和发电机的故障，分析该车肯定存在其他漏电的地方。

3）漏电部位检查。

① 检查该车是否加装其他用电设备。经查未发现任何加装用电设备。

② 用 WDS 的万用表功能再次测试车辆的漏电情况，数据与之前所测基本吻合。

因 0.2 A 的电流是对未完全休眠的模块的供电电流，如果测试时间越长，电流还应越小。于是持续测试近 8 min，其间发现电流读取每隔 1 min 左右会有所上升，然后又恢复 0.16 A 左右。

这一现象表明，车辆在点火开关断开的情况下仍有用电器在间隙性工作。

③ 断开所有常用用电器的熔丝，上述现象消失。

④ 逐个插回熔丝。当插至 F66 号熔丝时，上述现象再次发生。

经确认 F66 号熔丝为电动座椅的供电熔丝。

⑤ 对电动座椅进行调节，发现在调整座椅高度时座椅无反应，且座椅位置始终处于最高端，但开关还始终在接通状态。

此时故障原因终于查明，因电动座椅调节的电动机属于模块控制，其在工作状态与保护状态之间不断地切换，从而导致蓄电池间隙性放电，因此断定此故障为座椅调整开关失效所致。

故障原因：座椅调整开关失效。

故障修复：更换座椅调整开关，故障排除。

课后任务

请根据所学内容进行科学合理的汽车配件与维修设备调查，并完成表 1-22。

表 1-22　电源系故障修理配件调查

配件名称	型号	适用车型	价格	信息来源
蓄电池盒				
蓄电池极柱线束				
电源继电器盒				
熔丝				
继电器				
发电机传动带				
发电机线束				
测试转接器				
多功能万用表				

学习任务二　起动机故障的检修

任务要求

完成本学习任务后，应该能够：

1）正确完成企业维修接待任务。

2）正确描述起动系统的基本构造、部件功能及其工作原理。

3）正确选择并使用工量具与仪器，对零部件进行测量，判断零部件的工作状态。

4）根据维修手册要求，规范对起动系统进行拆卸、检修、装配，并完成拆装步骤的记录。

5）正确识别起动系的常见故障，并完成检修作业。

6）正确完成企业标准验收任务，评价和反馈工作过程，完成任务工单。

情景导入

一辆广州丰田花冠轿车，拧动车钥匙，车辆无法起动，经检查发现起动机没有起动迹象。

学习过程

1）完成维修接待，提高客户的满意度。

2）收集信息，学习相关能力的知识，了解故障可能产生原因。

3）制订工作计划，并进行决策执行，确定使用仪器设备、工具、量具，并对小组进行合理分工，制订详细、科学且易于操作的工作方案。

4）根据实际车辆情况，小组完成工作计划每个步骤的落实与改进工作方案。

5）完成交车与讲解维修作业工作，提升技能综合能力。

6）展示学习成果，提升学习自信心。

7）评价与反思，建立健全的学习机制，养成良好的职业素养。

学习咨询

（一）起动系统的作用及组成

汽车起动系统的作用是带动发动机曲轴转动，直到发动机能在自身动力作用下自行运转为止。起动机从蓄电池中获取电能，然后把所获的电能转化为机械能，并通过驱动机构将其传递给发动机飞轮。其典型系统由 5 个基本部件组成，如图 2-1 所示。

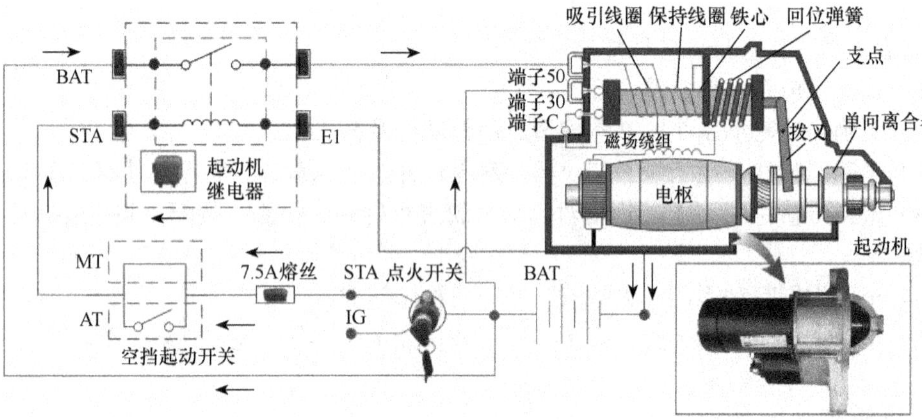

图 2-1　起动系统的组成

其 5 个基本部件及其作用如下：

1）起动复合继电器 用小电流电路控制大电流电路，保护起动开关和起动机。

2）起动机（电磁开关）接通直流电动机电路，直流电动机将电能转化为机械能并通过驱动机构将机械能传递给发动机飞轮。

3）蓄电池：为起动系统提供电能。

4）点火开关：控制起动复合继电器的电路。

5）空挡起动开关：防止变速器不在“P”位置或“N”位置时汽车被起动。

（二）起动机的分类、结构及工作原理

1. 起动机的分类

起动机的种类很多，下面主要从其总体结构、控制方式和啮合方式 3 个方面进行分类。

1）按总体结构不同可分为：普通起动机、永磁起动机和减速起动机。

2）按控制方式不同可分为：机械控制式起动机和电磁控制式起动机。

3）按啮合方式不同可分为：强制啮合式起动机、惯性啮合式起动机、电枢移动式起机、齿轮移动式起动机和同轴式起动机。

2. 起动机的结构和工作原理

图 2-2 所示为一典型起动机的结构图，它主要由直流电动机（包括机壳、磁极、电枢、换向器、电刷和电刷架等）、传动机构（包括单向离合器、驱动齿轮、拨叉等）、控制开关（包括保持线圈、吸引线圈、触点、接线柱、接触盘等）构成。

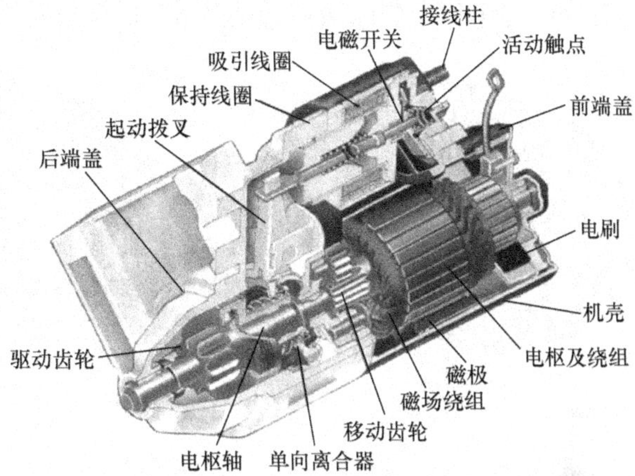

图 2-2　起动机的结构

（1）直流电动机

汽车起动机的直流电动机（图 2-3）主要由机壳、磁极、电枢、换向器、电刷和电刷架 6 部分组成。

1）机壳。机壳是用铸铁铸造或钢材卷焊成的，一端开有窗口，作为观察电刷与换向器之用，平时用防尘箍盖住。在壳体上还设有一引出线，该引出线与励磁绕组的一端连接。

2）磁极。磁极的作用是产生磁场。电磁式起动机的磁场为电磁场，其磁极主要由铁心和励磁绕组两部分组成。铁心是用低碳钢制成的，呈马蹄形，通常由螺钉固定在电动机壳体的内壁上；磁场绕组套装在铁心上，如图 2-4 所示。当磁场绕组接通电流时，铁心就会产生电磁场。

图 2-3　直流起动机外观图

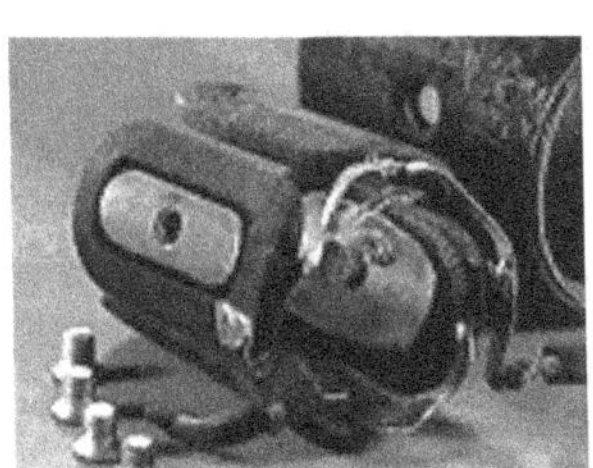

（a）磁极铁心

（b）磁极外壳

图 2-4　磁极

起动机用直流电动机的最大的特点是磁极多、磁场绕组的横截面积大，其目的是增大起动机的电磁转矩。一般采用 4 个磁极，每个磁极上套装有励磁绕组。励磁绕组采用矩形裸体铜线绕制，并与电枢绕组串联，如图 2-5 所示。4 个励磁绕组的连接方式有两种：一种是 4 个励磁绕组相互串联后再与电枢绕组串联，如图 2-5（a）所示；另一种是两个励磁绕组先串联后并联再与电枢串联的连接方式，如图 2-5（b）所示。无论采用哪种连接方式，4 个励磁绕组通电后产生的磁极必须是 N、S 极相间排列的。

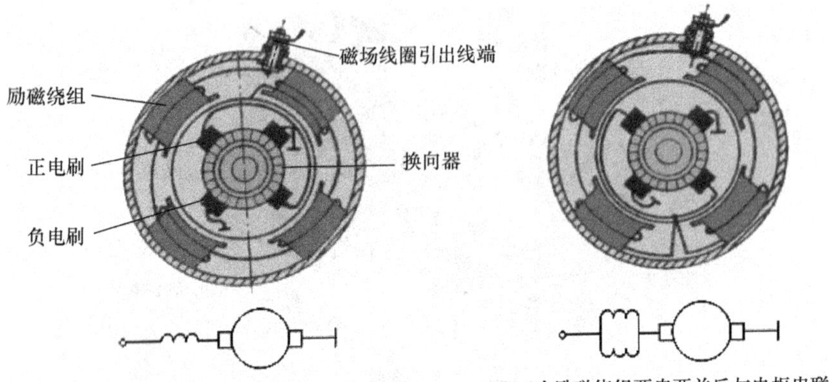

(a) 4个励磁绕组相互串联后与电枢串联　　(b) 4个励磁绕组两串两并后与电枢串联

图 2-5　磁场绕组连接方式示意图

3）电枢。电枢是产生电磁转矩的核心部件，是直流电动机的转子，其结构如图 2-6 所示，主要由铁心、电枢绕组和换向器组成。

电枢铁心由外圆带槽的硅钢片叠成。电枢绕组绕制在电枢铁心的线槽内，绕组两端分别焊在换向器的连接铜片上。为了能获得较大的电磁转矩，流经电枢绕组的电流一般很大（小功率的起动机也在 300A 以上），因此电枢绕组采用横截面积较大的矩形或圆形的裸体铜线绕制而成。

换向器的作用是连接励磁绕组、电枢绕组和电源，并保证电枢绕组产生的电磁力矩方向不变。换向器的结构如图 2-7 所示，它主要由截面呈燕尾形的铜片合围而成。燕尾形的铜片称为换向片，换向片与换向片之间以及换向片与轴套、压环之间均采用云母绝缘。

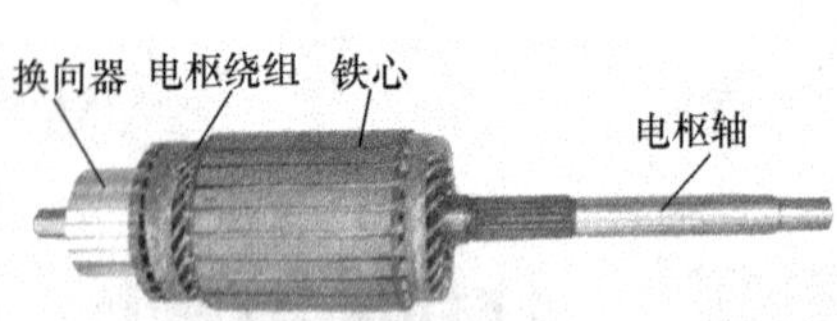

图 2-6　电枢

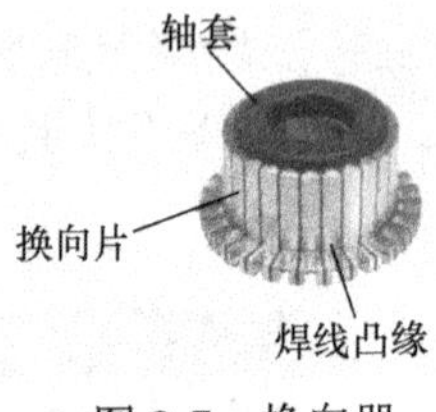

图 2-7　换向器

4）电刷及电刷架。电刷和电刷架的作用是将直流电源引入电动机，如图 2-8 所示。电刷通常采用 80%左右的铜粉和 20%左右的石墨粉模压而成。一台起动机一般有 4 只或 6 只电刷，桑塔纳轿车有 4 只电刷，其中两只电刷架与端盖绝缘称为绝缘电刷架，另外两只与端盖直接铆合，称为搭铁电刷架。电刷安装在电刷架内，借电刷弹簧的弹力紧压在换向器上，电刷弹簧的弹力一般为 12～15N。

（2）起动机的传动机构

起动机传动机构的作用是单方向传递力矩，即起动发动机时将起动机的转矩传给发动机的曲轴（传递动力），而当发动机起动后，它又能自动打滑（切断动力），不使飞轮齿圈带动起动机的电枢旋转，以免损坏起动机。因为飞轮齿圈与起动机驱动齿轮的传动比是 1∶15～1∶10，所以发动机起动后，起动机将以 8000～15000 r/min 的速度高速旋转，从而导致电枢线圈被从电枢槽中甩出，造成“飞散”事故，从而损坏电枢。

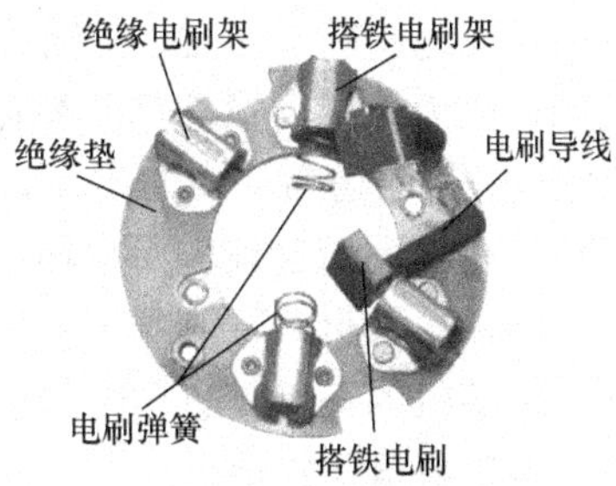

图 2-8　电刷及电刷架

传动机构主要由单向离合器和移动叉（拨叉）等组成。离合器主要有滚柱式离合器、弹簧式离合器和摩擦片式离合器 3 种。摩擦片式离合器可以传递较大转矩，主要用于柴油车，如图 2-9 所示。滚柱式离合器和弹簧式离合器主要用于汽油车，目前汽车起动机普遍使用滚柱式单向离合器，该离合器的结构如图 2-10 所示。

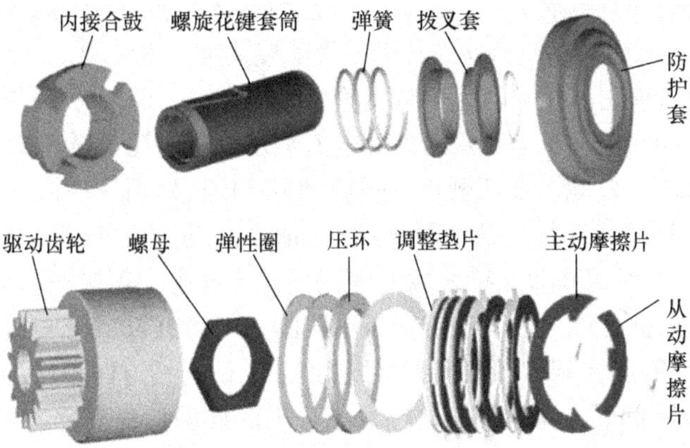

图 2-9　摩擦片式单向离合器

滚柱式单向离合器的工作原理如下：

起动发动机时，接通点火开关，在控制装置（电磁开关）的作用下，拨叉下端拨动离合器，使驱动齿轮与发动机的齿圈啮合。当电动机的转速较低时，电枢轴仅带动传动导管与外座圈转动，在外座圈与滚珠之间的摩擦力矩和弹簧力矩的作用下，滚珠向楔形室较窄侧压去并将内座圈与外座圈卡成一体，动力经过电枢轴、传动导管、外座圈、滚柱、内座圈和驱动齿轮传递到发动机的飞轮齿圈。当电动机驱动转矩达到或超过发动机阻力矩时，驱动齿轮便带动飞轮旋转，直到发动机被起动为止。此时，驱动齿轮为主动件，飞轮为被动件。

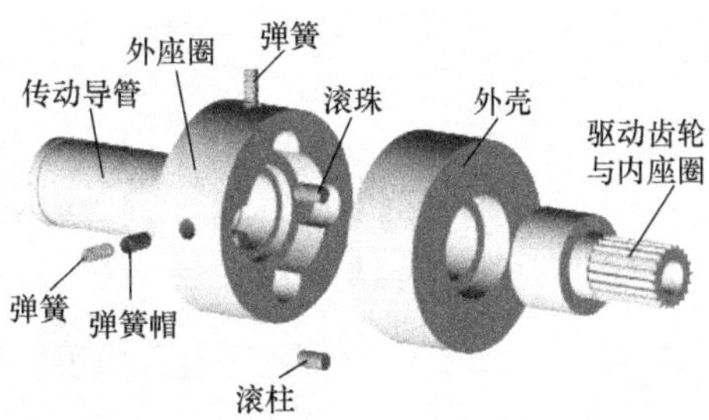

图 2-10　滚柱式单向离合器结构图

发动机起动后，曲轴在活塞的作用下高速旋转，飞轮为主动件，驱动齿轮为被动件。由于飞轮齿圈与驱动齿轮之间的传动比较大，因此发动机一旦被起动，飞轮就会带动驱动齿轮飞速旋转。此时，驱动齿轮的转速远远高于电枢轴的转速，因此内座圈与滚柱之间的摩擦力矩便使滚柱克服弹簧力矩滚向楔形室较宽的一侧，滚柱将在内、外座圈间跳跃滚动，从而切断动力的传递。此时，电枢轴仅由电枢绕组产生的电磁转矩驱动而空转，避免了电枢因超速旋转而损坏。

（3）起动机的控制装置

起动机的控制装置用来控制直流电动机主电路的通断，主要由吸引线圈、保持线圈、铁心和接触盘等组成。

起动机控制装置结构如图 2-11 所示，其工作原理如下：

当点火开关置于起动挡时，吸引线圈和保持线圈有电流通过，吸引线圈的电流路径为蓄电池正极→起动机 30 端子→点火开关→起动机 50 端子→吸引线圈一起动机 C 端子→磁场绕组→电枢绕组→搭铁→蓄电池负极。

保持线圈的电流路径如下：蓄电池正极→起动机 30 端子→点火开关→起动机 50 端子→保持线圈一搭铁→蓄电池负极。由右手螺旋定则可知，此时两线圈产生的磁力线方向相同，电磁力叠加，吸引活动铁心向左移动，带动拨叉绕支点转动，于是拨叉下端拨动滚柱式单向离合器向右移动，使驱动齿轮与飞轮齿圈啮合，并使推杆上的接触盘将 30 端子和 C 端子接通，从而将电动机电路接通，其电流路径为蓄电池正极→起动机 30 端子及其触点→接触盘→起动机 C 端子及其触点→磁场绕组→电枢绕组→搭铁→蓄电池负极。

点火后，点火开关自动从起动挡回到点火挡瞬间，起动挡断开，接触盘仍将 30 端子和 C 端子接通，吸引线圈和保持线圈的电流路径为蓄电池正极→起动机 30 端子及其触点→接触盘→起动机 C 端子及其触点→吸引线圈→起动机 50 端子→保持线圈→搭铁→蓄电池负极。由右手螺旋定则可知，此时两线圈产生的磁力线方向相反，电磁力相互削弱，在复位弹簧的弹力作用下，活动铁心复位，推杆上的接触盘也复位，切断 30 端子和 C 端子，从而切断电动机电路。与此同时，拨叉也绕支点转动，其下端带动滚柱式单向离合器向左移动，使驱动齿轮与飞轮齿圈分离，起动工作结束。

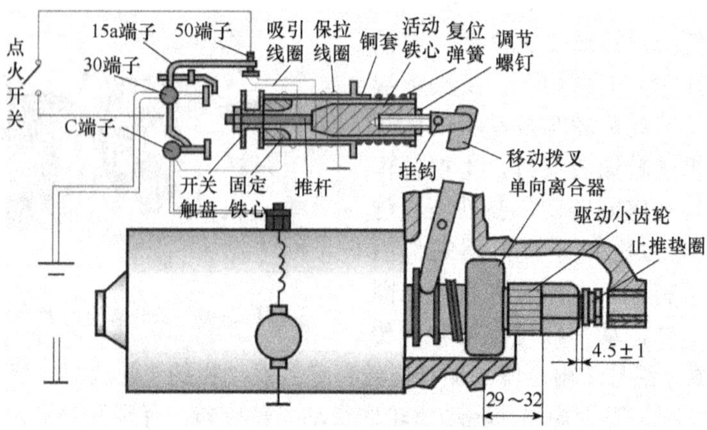

图 2-11　桑塔纳轿车起动机控制装置的结构

（三）起动系的控制电路

起动系一般可分为无起动继电器（直接）控制式、带起动继电器控制式及带组合继电器控制式 3 种，第一种控制方式和第三种控制方式应用比较广泛，下面重点介绍这两种。

1. 无起动继电器控制式起动控制电路

无起动继电器控制式起动控制电路具有结构简单、工作可靠的特点。桑塔纳轿车 QD1225 型起动机采用的就是无起动继电器的起动控制电路，如图 2-12 所示。点火开关 30 端子接电源，由红黑双色导线从点火开关 50 端子接到中央线路板 B8 插孔，通过中央线路板内部电路接到其 C18 插孔，再接到起动机电磁开关 50 端子。用黑色导线连接蓄电池正极与起动机 30 端子。

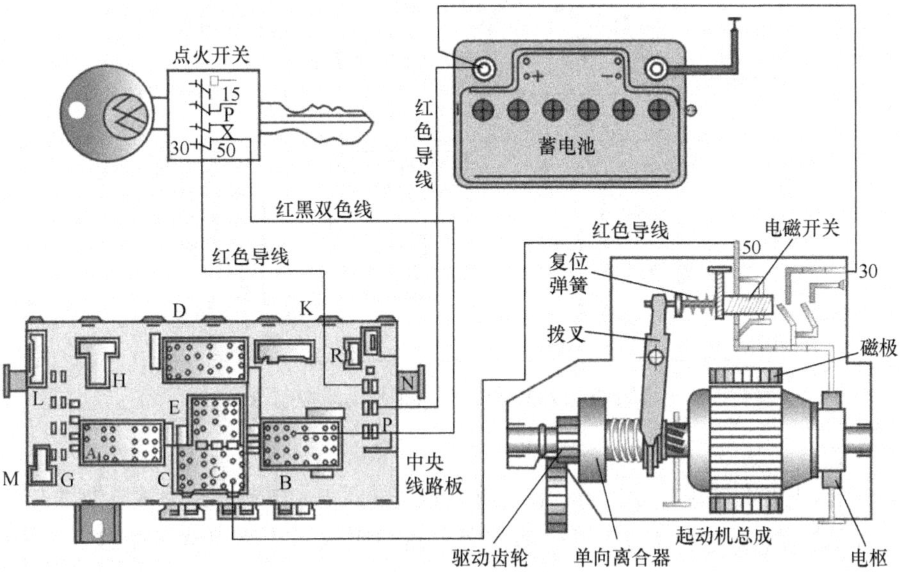

图 2-12　桑塔纳系列轿车起动系线路图

QD1225 型起动机的工作过程如下：

点火开关旋到第 2 挡，其 30 端子与 50 端子接通，起动机的电磁开关通电，起动机进入工作状态。其电流路径为蓄电池“＋”→中央线路板 P 端子→中央线路板内部电路→中央线路板 P 端子→红色导线→点火开关 30 端子→点火开关 50 端子→红黑双色导线→中央线路板 B8 端子→中央线路板内部电路→中央线路板 C18 端子→起动机 50 端子→电磁开关（吸引线圈、保持线圈）→搭铁→蓄电池“－”。

吸引线圈和保持线圈通电流后产生同向的磁场，接通起动机的主电路，电动机开始工作，此时电流路径为蓄电池“＋”→起动机电磁开关 30 端子→电磁开关接触盘→直流电动机→搭铁→蓄电池“－”。

2. 带组合继电器控制式起动控制电路

组合继电器的作用是在发动机运转的情况下防止起动机被误接入使用。当发动机起动后，若驾驶员未及时释放起动开关，就会造成单向离合器的磨损和蓄电池电能的消耗。而在发动机工作时，若不慎将起动开关再次接通，会造成起动机驱动齿轮与发动机齿圈撞击，加速齿轮的损坏。

现代汽车的保护电路都是依靠交流发电机的中性点电压以及相应的继电器控制来实现的。

EQ1090E 型汽车的起动机使用的就是组合继电器控制式起动控制电路，下面以 EQ1090E 型汽车为例来介绍组合继电器式起动控制电路，其电路如图 2-13 所示。

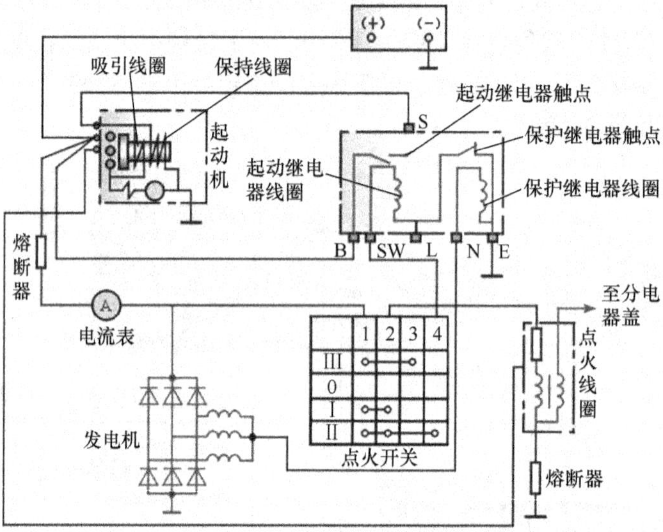

图 2-13　EQ1090E 型汽车起动系控制电路

其工作过程如下：

1）当点火开关置于起动挡时，起动继电器线圈通电，电流回路为蓄电池“+”→熔断器→电流表→点火开关起动触点→起动继电器线圈→保护继电器常闭触点→搭铁→蓄电池“−”。

起动继电器线圈通电后起动继电器的常开触点闭合，于是起动机电磁开关电路接通，起动机进入起动状态。

2）发动机起动后，松开点火开关，钥匙自动返回点火挡，起动继电器触点打开，切断了起动机电磁开关电路。电磁开关复位，起动机停止工作。

3）发动机起动后，如果点火开关没能及时返回到点火挡，这时组合继电器中的保护继电器线圈，由于承受交流发电机中性点的电压而动作，自动切断了起动继电器线圈的电路，触点断开，使起动机电磁开关断电，起动机便自动停止工作。同时，由于触点断开，充电指示灯的搭铁电路也随之失电，充电指示灯熄灭。

4）在发动机运行时，如果误将点火开关置于起动挡，由于在此控制电路中，保护继电器线圈总有交流发电机中性点电压，故其常闭触点处于断开状态，起动继电器线圈不能通电，起动机电磁开关不能动作，于是避免了发动机在运行中起动机的驱动齿轮进入与飞轮齿圈的啮合而产生的冲击，起到了保护作用。

有的汽车起动继电器线圈通过防盗系统搭铁而具备了防盗功能，其原理是：当发动机起动时，只有防盗系统发出起动信号后，继电器线圈才能搭铁，如果防盗系统没有收到起动信号，则继电器线圈中无电流，起动机不能工作。

（四）起动机的检修

1. 起动机的拆装

拆卸起动机时，应首先拆下蓄电池搭铁线，然后拆下起动机的各连接线。其拆解示意图如图 2-14 所示。

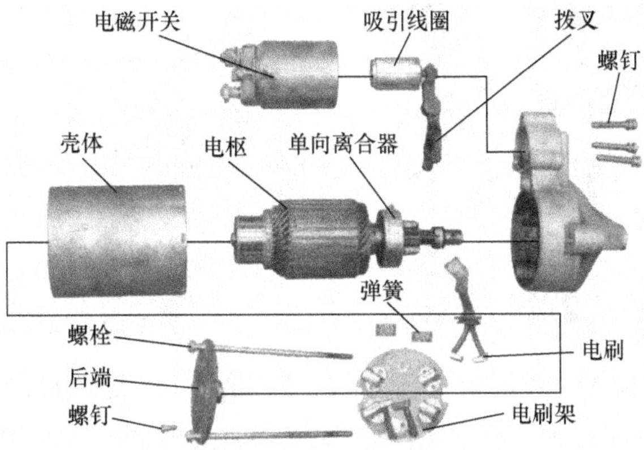

图 2-14　起动机拆解示意图

2. 起动机的检修

（1）磁场绕组的检修

1）磁场绕组搭铁的检修。如图 2-15 所示，用万用表检测磁场接线柱与外壳间的电阻，阻值应为无穷大；否则说明励磁绕组搭铁，应更换新品。

2）励磁绕组短路及断路的检修。如图 2-16 所示，用万用表检测磁场接线柱与绕组电刷间的电阻，两次阻值应相同且接近零。若两次阻值不相同，但接近零，说明有短路故障；若阻值无穷大，则说明有断路故障。出现短路或断路故障时均应更换新品。

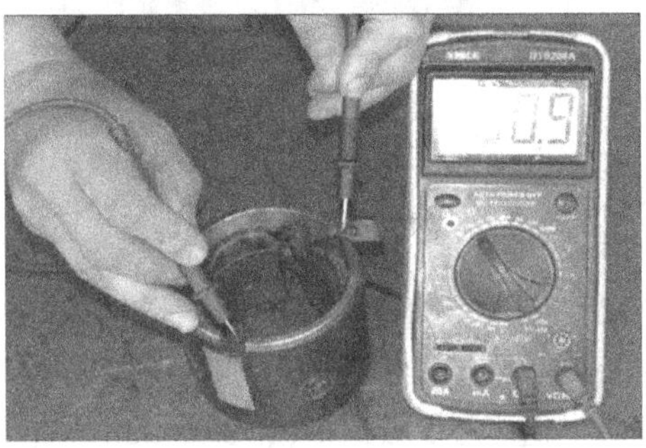

图 2-15　励磁绕组搭铁检测

图 2-16　励磁绕组短路、断路检测

（2）电枢的检修

1）电枢绕组搭铁的检修。如图 2-17 所示，用万用表两只表笔分别连接电枢铁心与换向片，万用表不导通或试灯不亮，说明电枢绕组搭铁，要更换电枢总成。

2）电枢绕组的断路检修。电枢绕组采用截面矩形导线绕制，一般不易发生断路故障。如果有断路故障，通过外观检查即可发现。发现断路时，用电烙铁焊好即可。

3）电枢绕组短路的检修。如图 2-18 所示，将电枢放在电枢检验仪的 U 形铁心上，并在电枢上放一钢片（如锯条），然后接通检验仪电源，再缓缓转动电枢一周，钢片应不跳动，如果钢片跳动，说明电枢绕组有短路故障，应更换电枢总成。

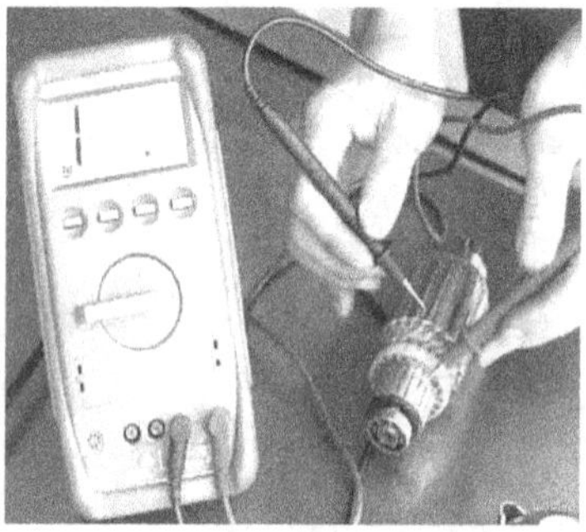

图 2-17　电枢绕组搭铁检测

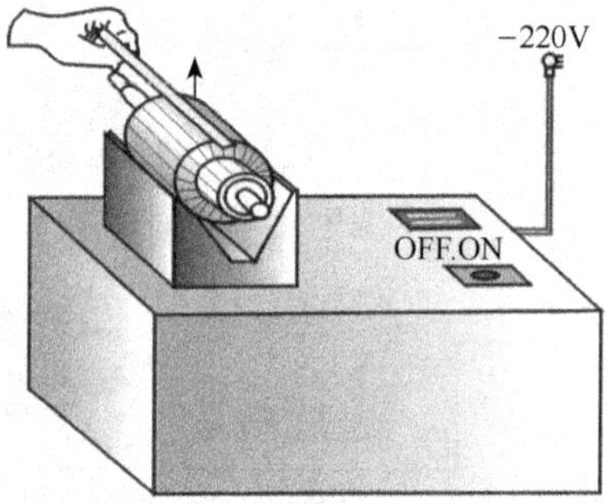

图 2-18　电枢绕组短路检查

4）电枢轴的圆跳动检查。如图 2-19 所示，电枢轴的圆跳动量应不大于 0.08 mm，否则应校正电枢轴或更换电枢总成。

5）换向器的检修。

① 换向器表面的检修。如换向器表面有脏污，可用棉纱蘸少量汽油擦拭干净；若表面不平或有轻微烧蚀，可用 00 号砂纸打磨，如图 2-20 所示；若表面严重烧蚀或有沟槽，可选择尽可能小的加工余量车削。当换向片的厚度小于 2 mm 时，应更换换向器或电枢总成。

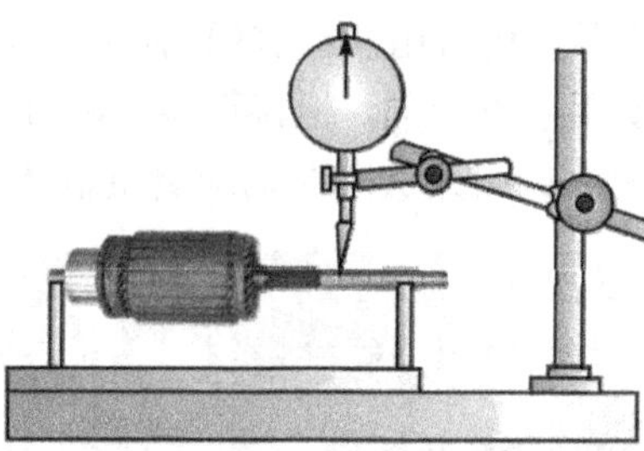

图 2-19　电枢轴圆跳动检测

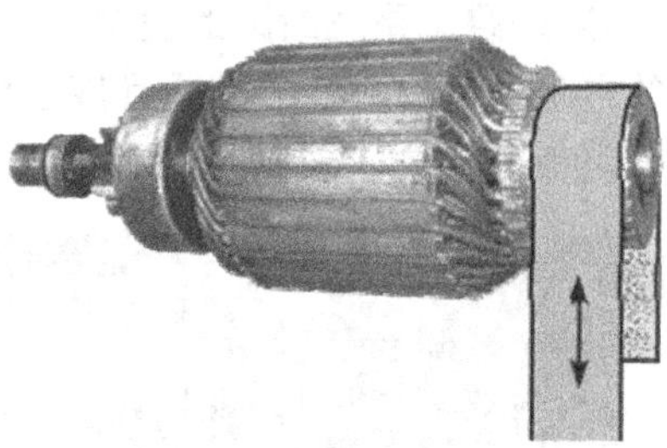

图 2-20　砂纸打磨换向器表面

② 换向器失圆的检修。换向器失圆的检查方法与电枢轴圆跳动检查方法完全相同，可按照图 2-19（电枢轴圆跳动检测）所示方法，将百分表的表头置于换向器表面，转动电枢，径向圆跳动（百分表显示的最大值与最小值之差）应不大于 0.05 mm，若不符合要求，应车削复圆。

③ 换向器直径的检查。如图 2-21 所示，用游标卡尺测量换向器的直径。换向器直径的标准值为 28mm，限极值为 27mm。

④ 换向器绝缘（云母）片的检修。如图 2-22 所示，绝缘（云母）片的深度一般为 0.5～0.8 mm，最浅处也应不小于 0.2 mm。

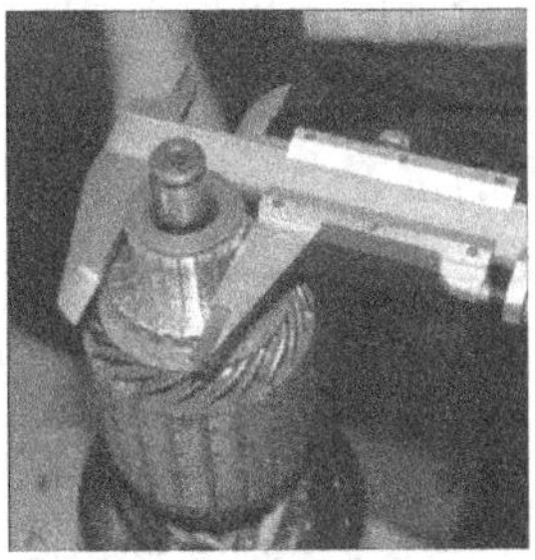

图 2-21　换向器直径测量

图 2-22　换向器绝缘片深度检测

（3）电刷组件的检修

1）电刷架的检修。如图 2-23 所示，用万用表检查电刷架的绝缘情况。

2）电刷弹簧的检修。如图 2-24 所示，用弹簧秤检测电刷弹簧的压力，不同型号起动机的弹簧压力不同，一般为 11.7～14.7 N，若不符合要求，应更换电刷弹簧。

3）电刷的检修。电刷的高度低于原高度的 2/3（新电刷的高度一般为 14 mm）时，更换新品，如图 2-25（a）所示。待装的新电刷应研磨其接触面，研磨方法如图 2-25（b）所示，研磨后的接触面积应大于 75%。

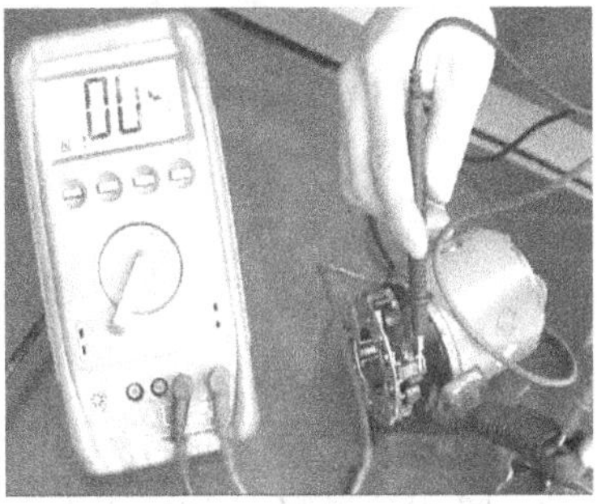

图 2-23　电刷架绝缘检测

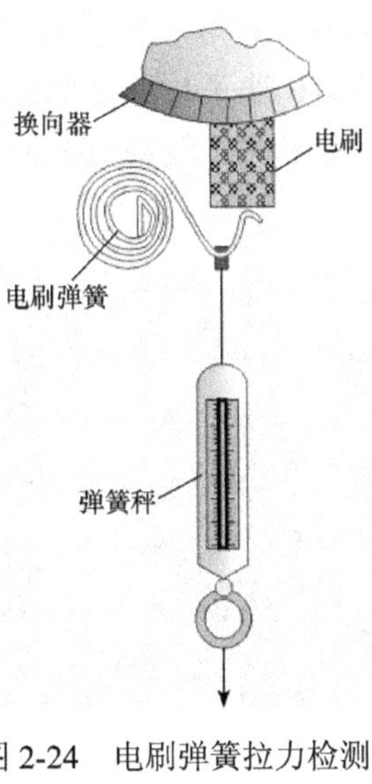

图 2-24　电刷弹簧拉力检测

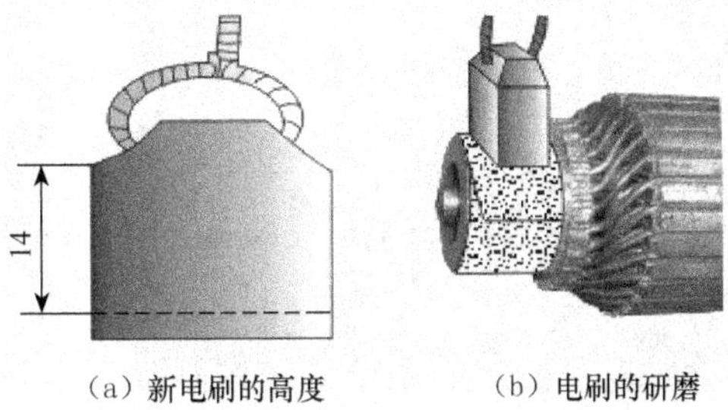

图 2-25　电刷高度与接触面的研磨

（4）传动机构的检修

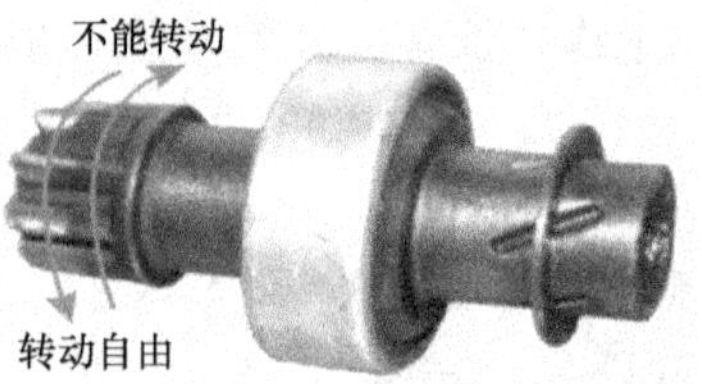

图 2-26 单向离合器检修

1）单向离合器的检修。检查单向离合器的方法如图 2-26 所示，一只手捏住离合器壳体，另一只手顺时针转动驱动齿轮时应被锁止，逆时针转动驱动齿轮时应能灵活自如地转动，否则就应更换新品。

2）驱动齿轮极限位置的调整。如图 2-27 所示，将驱动齿轮推到最远的位置上，检查驱动齿轮与驱动端盖内端面的间隙，应在 0.3～2.5mm 之间。若不符合要求，应调整电磁开关的滑动阀上的调整螺母或增减电磁开关与驱动端盖之间的垫圈。

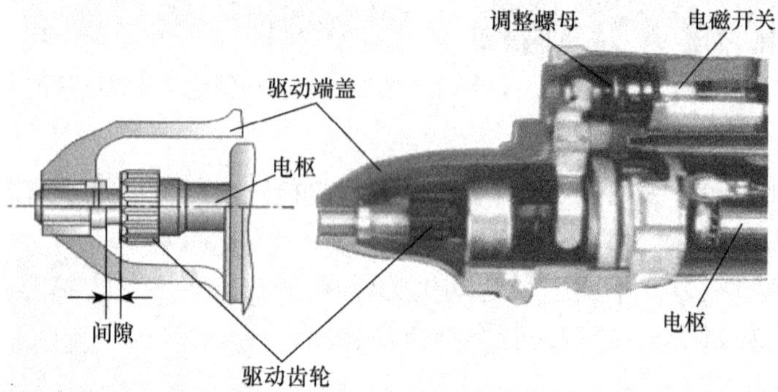

图 2-27 驱动齿轮极限位置调整

（5）电磁控制装置的检修

电磁控制装置（电磁开关）的检修如图 2-28 所示。

1）吸引线圈的检修。用万用表 $R\times1$ 挡测量电磁开关 50 端子与 C 端子之间的电阻，阻值应为 0.3～0.5Ω，若测量值小于标准值或为无穷大，说明吸引线圈有故障，应予更换。

2）保持线圈的检修。用万用表 $R\times1$ 挡测量电磁开关 50 端子与外壳间的电阻，阻值应为 1.0～1.2Ω，若测量值小于标准值或为无穷大，说明保持线圈有故障，应予更换。

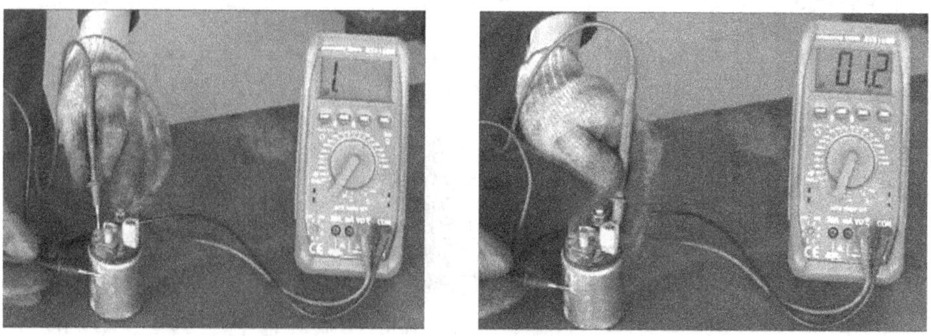

图 2-28 电磁控制装置检修

3. 起动机的装复

桑塔纳 2000GSi QD1229 型起动机的装复顺序如下：

1）安装驱动齿轮和单向离合器。

① 将驱动齿轮和单向离合器套入电枢轴。

② 套入止推垫圈（注意方向）。

③ 使用 14 mm 套筒扳手装入卡环。

④ 将止推垫圈压在卡环上。

2）安装电刷。

① 将电枢轴套入定子内，电刷座套在换向器上。

② 将弹簧放在电刷架内，再放入电刷。

③ 将电刷架装在电刷座上，并确保卡牢。

④ 其余电刷也按上述方法安装。

3）装上电刷端盖，调整垫片及锁片。

4）测量电枢轴的轴向间隙，轴向间隙应符合标准值。若间隙与标准值不符，可用调整垫片厚度的方法加以调整。

5）安装轴承盖，在盖内补充适当的润滑油。

6）安装驱动端盖、传动杆，按规定力矩拧紧穿心螺栓。

7）安装电磁开关。

起动机装复的注意事项：

① 不要用汽油或溶液清洗定子和转子。可用压缩空气吹净或清洁擦布擦净此类部件。

② 从车上拆下起动机前应首先切断点火开关，拆下蓄电池搭铁电缆，以防操作时产生电火花，避免损坏电子元器件。

③ 若起动机与发动机之间装有薄金属垫片，在装配时应按原样装回。

（五）电磁开关的检测

1. 吸引线圈的检测

图 2-29 所示，起动机外壳及 C 端子搭蓄电池负极，50 端子接蓄电池正极，瞬间接通电路，铁心伸出，则说明吸引线圈完好，否则说明吸引线圈故障。

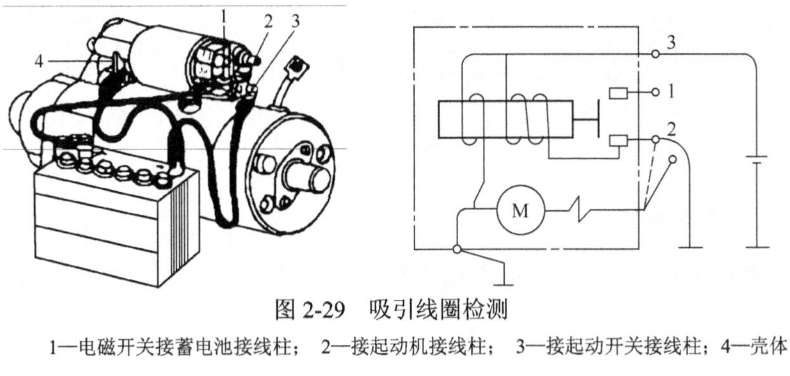

图 2-29　吸引线圈检测

1—电磁开关接蓄电池接线柱；　2—接起动机接线柱；　3—接起动开关接线柱；4—壳体

2. 保持线圈的检测线圈的检测

图 2-30 所示，起动机外壳及 C 端子搭蓄电池负极，50 端子接蓄电池正极，瞬间接通电路，铁心伸出，然后立即脱离 C 端子，如铁心保持不动则说明保持线圈良好，否则说明保持线圈损坏。

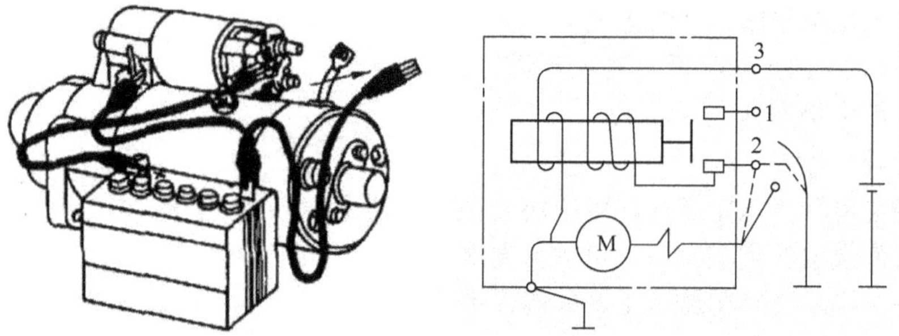

图 2-30 保持线圈检测

1—电磁开关接蓄电池接线柱； 2—接起动机接线柱； 3—接起动开关接线柱

3. 活动铁心回位弹簧的检测

图 2-31 所示，起动机外壳及 C 端子搭蓄电池负极，50 端子接蓄电池正极，瞬间接通电路，铁心伸出，然后立即脱离 C 端子与壳体搭铁端子，铁心缩回，则说明回位弹簧良好，否则说明其已损坏。

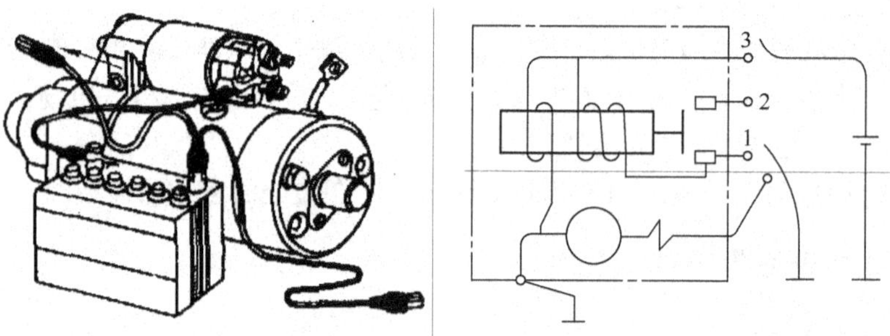

图 2-31 回位弹簧检测

1—电磁开关接蓄电池接线柱； 2—接起动机接线柱； 3—接起动开关接线柱

（六）起动系常见故障的诊断与排除

汽车的起动系包括蓄电池、起动机、继电器、连接导线等，其故障主要有电气和机械两个方面。现在主要以桑塔纳和 EQ1090E 型汽车为例，介绍起动系常见故障的现象、原因、诊断及排除方法。

1. 起动机不能停转

（1）故障现象

车辆起动后，放松点火开关，起动机仍与飞轮结合在一起转动不停。

（2）故障原因

1）点火开关不回位。

2）电磁开关触点烧结在一起，不能分离。

3）电磁开关活动触点回位弹簧过软或折断。

4）单向离合器在转子轴上卡滞，使驱动齿轮不能退出啮合状态。

（3）故障诊断与排除

出现此故障时，应迅速拆除蓄电池搭铁线，然后进行检修，以防起动机被烧坏。

1）检查起动挡放松点火开关后，能否自动跳回第二挡，不符合要求时，应换用新件。

2）用万用表 $R\times1$ 挡检查电磁开关蓄电池接线柱与励磁绕组接线柱间的电阻值，判断其活动触点能否分离（非起动状态，其电阻值应为无穷大）。不能分离时，应换用新件。

3）单向离合器在转子轴上轴向运动不灵活时，应查明原因，予以排除。

2. 起动机不转动

（1）接通起动开关起动机不转的原因

1）蓄电池严重亏电。

2）蓄电池正、负极柱上的电缆接头松动或接触不良。

3）起动机开关触点严重烧蚀或两个触点高度调整不当而导致触点表面不在同一平面内，使触盘不能将两个触点接通。

4）换向器严重烧蚀而导致电刷与换向器接触不良。

5）电刷弹簧压力过小或电刷在电刷架中卡死。

6）电刷引线断路或绝缘电刷（即正电刷）搭铁。

7）励磁绕组或电枢绕组有断路、短路或搭铁故障。

8）电枢轴的铜衬套磨损过度，使电枢轴偏心而导致电枢铁心“扫膛”（即电枢铁心与磁极发生摩擦或碰撞）。

（2）接通起动开关起动机不转的检修方法

接通起动开关起动机不转时，可按图 2-32 所示的流程图排除故障。首先应检查蓄电池存电情况和导线特别是蓄电池搭铁线和相线的连接情况，然后检查起动机和开关。

3. 起动机转动无力

（1）故障现象

起动机转动缓慢无力，带动发动机运转困难；或接通点火开关起动开关后，起动机会发出“咔咔”声，但不能转动。

（2）故障原因

1）蓄电池存电不足或其导线与极柱接触不良。

2）电磁开关触点烧蚀，接触不良。

3）整流器脏污、电刷磨损严重、弹簧弹力不足，致使电刷与整流器接触不良。

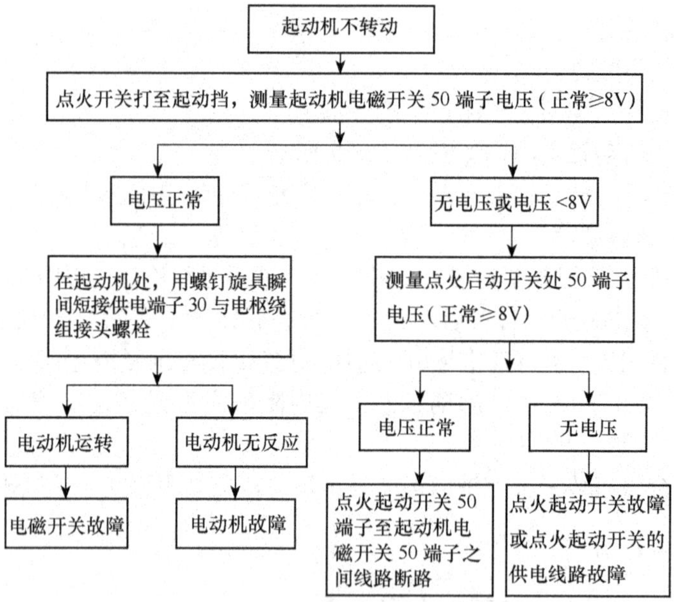

图 2-32　起动机不转动诊断流程

4）励磁绕组或电枢绕组短路。

5）转子轴衬套磨损严重，与轴配合松动；或转子轴弯曲变形，致使电枢与磁极相碰。

（3）故障的诊断与排除

起动机转动无力的故障诊断方法与起动机不转基本相同，诊断流程如图 2-33 所示。具体方法如下：

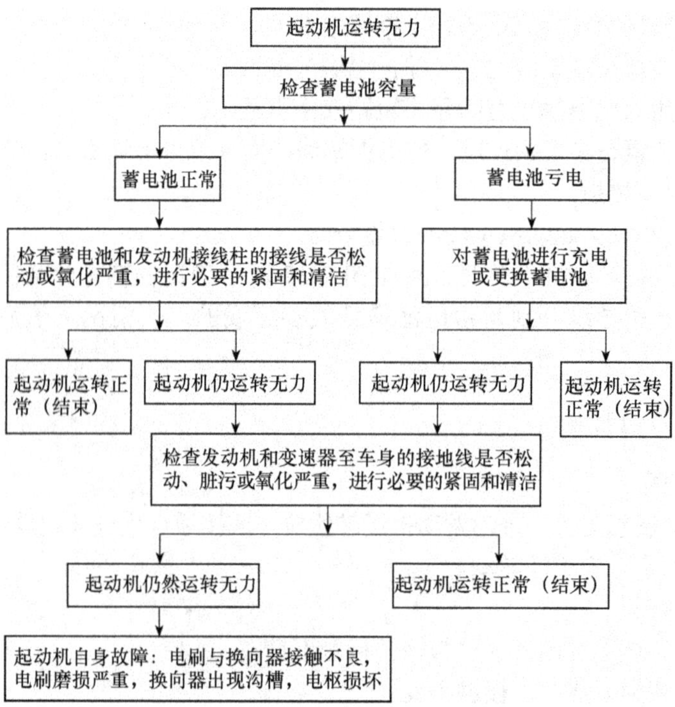

图 2-33　起动机转动无力诊断流程

1）开前照灯及按扬声器检查，若蓄电池存电量不足或出现连接松动，应对蓄电池进行充电及检修，连接好导线。

2）起子或导线连接起动机蓄电池接线柱与励磁绕组接线柱，此时，若起动机转动良好，表明电磁开关接触不良，应更换电磁开关或起动机总成。

3）连接电磁开关蓄电池接线柱与励磁绕组接线柱后，若起动机仍转动无力，表明故障存于电动机部分。

专业知识拓展

起动机性能是否良好，可通过空载试验和全制动试验来检验。

1. 空载试验（测 Nmax）

试验目的：检查起动机内部是否有电路故障和机械故障。

试验方法：将起动机夹紧在试验台上。

空载实验时应注意，每次空载试验不应超过 1min，以免起动机过热。

空载试验现象分析：闭合控制开关，起动机应运转均匀、电刷无火花。其电流表、电压表和转速表上的读数应符合规定值。

1）若空载电流基本符合标准，转速低，是机械故障。

2）若空载电流大于标准而转速低于标准值，则可能故障为：起动机装配过紧，电枢绕组、励磁绕组有匝间短路或搭铁故障（磁场或电枢有短路）。

3）若空载电流和转速都低于标准值（蓄电池正常），则起动机内部电路接触不良（换向器接触不良、电刷弹簧弹力不足、电动机开关触点烧蚀）。

2. 全制动试验（测试 Mmax）

试验目的：通过测量起动机全制动时的电流和转矩来检验起动机的性能是否良好。

试验方法：将起动机装夹在试验台上，并按图 2-34 连接好电路，准备好相应器材。

注意事项：全制动试验要动作迅速，一次试验时间不要超过 5s，以免烧坏电动机及对蓄电池使用寿命造成不良影响。

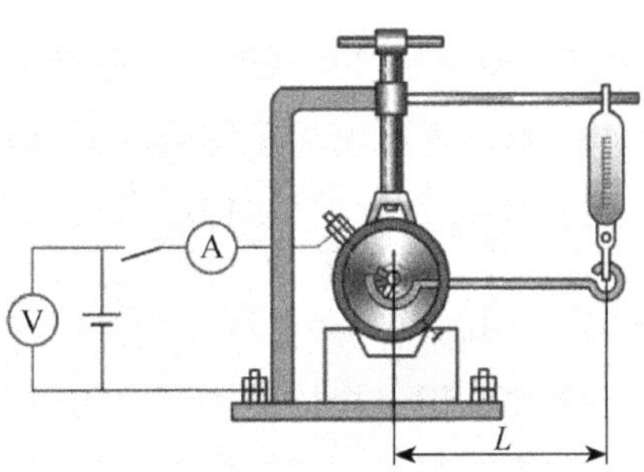

图 2-34　起动机全制动试验

试验现象分析：通电后，迅速记下电流表、弹簧秤和电压表的读数，其全制动电流和制动转矩应符合标准值。

1）若制动电流基本符合标准，转矩低，是机械故障。

2）如果电流大而转矩小于标准，则表明励磁绕组或电枢绕组有短路或搭铁故障。

3）如果转矩和电流都小（蓄电池正常），则表明起动机连接电路中电阻过大，起动机内部电路接触不良（换向器接触不良、电刷弹簧弹力不足、电动机开关触点烧蚀）。

4）如果试验过程中驱动齿轮锁止，而电枢轴缓慢转动，则说明单向离合器打滑。

案例分析

故障现象：一辆别克君越轿车在起动车辆时，起动机发出轻微的“咔咔”声后再无任何反应。该车是30LLZD型发动机、4T65E型自动变速器。

故障诊断：

1）根据初步检查，维修人员认为故障原因可能是由于蓄电池电压过低、起动机线路或起动机自身损坏引起的，但更换相关部件后，故障没有任何改变。

2）试车发现，点火开关置于0N位置时仪表执行自检，除挡位显示区无任何显示外，其他仪表指示均正常。试着起动发动机，故障现象也与维修工所述无异。另外，起动时仪表背景灯熄灭，车辆其他附件也中断供电，符合对大电流需求设计。根据以上检查，认为仪表挡位显示区的不正常现象应该是造成无法起动的重要原因之一。

3）查阅该车型的相关资料，该车型装用的自动变速器型号是4T65E，然后通过对挡位信号传递线路的分析，确定该车可能的故障原因主要有挡位拉线调整不当、变速器的内部挡位模式开关故障、控制单元通信的线路故障以及相关控制单元故障。

4）检测挡位拉线正常，检查变速器控制系统正常。

5）仪表在打开点火开关后可以执行正常的自检，正常。

6）检测挡位模式开关线路，不正常。由此看来，仪表没有挡位显示是发动机无法起动的故障原因。

7）查阅挡位模式开关电路图，分析电路图，可以看出该车故障极有可能是挡位模式开关线路开路或挡位模式开关自身故障造成的。然后检查，该车故障可以确认是由于变速器内部线路开路或挡位模式开关内部故障造成的。

8）检查变速器内部线束无异常后，更换挡位模式开关，车辆恢复正常。将挡位模式开关的故障件分解，可以看出其内部触点存在明显接触不良现象。

故障原因：挡位模式开关内部开路是造成故障的根本原因。

故障修复：更换挡位模式开关。

课后任务

请根据所学内容进行科学合理的汽车配件与维修设备调查，并完成表2-1。

表 2-1　设备调查表

配 件 名 称	型　　号	适 用 车 型	价　　格	信 息 来 源
起动机				
起动继电器				
起动机线束				
点火开关				
电流表				

学习任务三　照明系统灯不亮故障的检修

任务要求

完成本学习任务后，应该能够：

1）正确完成企业维修接待任务。

2）正确识读常规车型照明系统电路图、实车查找出相关电路元件的位置。

3）正确讲述照明系统的组成、结构、功能。

4）正确使用照明系统，检查和调整前照灯。

5）正确根据故障现象分析故障原因，制订照明系统的检修计划，并按专业要求独立或合作完成照明系统的电路检修工作。

6）正确修复照明系统电路及更换故障部件。

7）进行团队成员的有效沟通与协作作业。

情景导入

一辆丰田卡罗拉 1.6L 轿车行驶总里程 11.8 万千米时，打开汽车前照灯近光灯时，发现近光灯不亮，切换到远光灯时，远光灯正常。

学习过程

1）完成维修接待，提高客户的满意度。

2）收集信息，学习相关能力的知识，了解故障可能产生原因。

3）制订工作计划，并进行决策执行，确定使用仪器设备、工具、量具，并对小组进行合理分工，制订详细、科学且易于操作的工作方案。

4）根据实际车辆情况，小组完成工作计划每个步骤的落实与改进工作方案。

5）完成交车与讲解维修作业工作，提升技能综合能力。

6）展示学习成果，提升学习自信心。

7）评价与反思，建立健全的学习机制，养成良好的职业素养。

学习咨询

汽车在夜间、雨雾天气等光线不足，可见度低的情况下，需要提供充足而有效的光源来对车内外照明、帮助驾驶员正确识别路面情况等，以确保行车的安全性，这一光源由汽车照明系统来提供。汽车照明系统是保障汽车行车安全必备的照明设备。汽车照明系统除了美观、实用、保证运行安全外，还必须符合交通法规的规定。

咨询一 照明系统的控制

（一）照明系统的类型

为了满足车辆在低可见度条件下的使用要求，确保夜间行车安全，汽车上常装有多种的照明设备，根据其用途和安装位置可分为外部照明装置、内部照明装置和工作灯，其中外部照明装置包括前照灯、雾灯、牌照灯等，内部照明装置包括顶灯、仪表照明灯、行李箱灯等。

1. 外部照明装置

（1）前照灯

前照灯俗称前大灯，用于夜间低可见度行车时的道路照明，会车或超车时发出信号，提醒前方车辆避让。灯光一般为白色，灯泡功率一般远光灯为 40～60W，近光灯为 20～35W。前照灯有两灯制和四灯制两种，分装于车头两侧。

（2）雾灯

雾灯用于雾天、雨天或尘灰弥漫等情况，确保行车安全。雾灯分前雾灯和后雾灯，其中前雾灯用于改善车前道路的照明情况，灯泡一般为橙黄色，功率为 45～55W；后雾灯用于为后方车辆提供本车位置信息，提醒尾随车辆保持安全距离，灯泡一般为红色，功率为 6W 或 21W。

（3）牌照灯

牌照灯用于夜间照明后牌照（保证 20m 外能看清车牌号），装于汽车尾部车牌照左右两侧或上方，光线不应外射，灯光一般为白色，功率为 5～10W。

2. 内部照明装置

（1）顶灯

顶灯用于车内厢内部照明及监视车门关闭是否可靠，如车门未可靠关闭，顶灯将发亮，装于驾驶室或车厢顶部，一般为白色，功率为 5～15W，夜间为保证行车安全，常将顶灯关闭。

（2）仪表照明灯

仪表照明灯用于照亮汽车仪表和工作面板，便于驾驶员看清仪表信息和正确操作，装于仪表板和操作面板上，其数量根据仪表板布局设计，结构形式多样，灯光一般为白色，功率为2W。有些车辆还加装灯光控制装置，可调整仪表灯的亮度。

（3）行李箱灯

行李箱灯用于照亮行李箱内部空间，当打开行李箱盖时，该灯自行点亮，一般为白色，功率为5W。

3. 工作灯

在检修发动机时方便照明，一般为白色，功率为8～20W。

（二）汽车照明系统的要求

1）满足汽车前行的道路照明需要，要求能提供明亮均匀的光照，能使驾驶员辨清 100m 以上路面的任何障碍物，随着现代汽车车速的提升，要求照明距离达200～300m，除此之上，还应具有防引起对面会车驾驶员炫目的装置，以免造成交通事故。

2）满足倒车时对汽车后方道路的照明的需要。

3）满足雨雾天气、尘灰弥漫等特殊情况的行车的需要。

4）满足让其行人或他行驶车辆看清车牌号的需要。

5）满足夜间行车驾驶员看清仪表指示情况、操纵车辆的需要。

6）满足驾驶员和乘员车内照明的需要。

（三）汽车照明系统的组成及控制电路

1. 汽车照明系统的组成

汽车照明系统由电源、照明灯具和控制部分组成。照明装置包括外部照明装置、内部照明装置和工作灯，控制部分包括各种灯光控制开关、继电器等。

2. 汽车前照灯的类型

1）按照车上前照灯的数量和装车形式可分为两灯制和四灯制两种。

① 二灯制：左右各装有一只前照灯，一般采用双灯丝灯泡，双丝灯泡内具有远、近光灯丝，可实现远、近光的照明。

② 四灯制：左右各装有两只前照灯，一般内侧采用远光灯，外侧采用近光灯，有的车辆外侧采用双丝灯泡。

2）按照前照灯的结构可分为可拆式前照灯、半封闭式前照灯和全封闭式前照灯三种。

① 可拆式前照灯：密闭性差，灰尘易进入灯内造成反射镜污染，照明效果降低，现在已极少采用。

② 半封闭式前照灯：配光镜的散光玻璃通过牙齿紧嵌在反射镜上，有些用螺钉紧固，并加以密封形成一个整体，灯泡从反射镜的后面拆装，便于拆装更换，目前使用较为广泛，如图3-1所示。

③ 全封闭式前照灯：配光镜的散光玻璃与反光镜为一个整体，灯丝直接焊接在灯的底座上，密闭性好，有效防止灰尘进入灯内，并且可对灯内充入惰性气体，避免反射镜被污染，延长灯泡的使用寿命，但若灯丝损坏，需要更换整个车灯，维修成本增加，如图 3-2 所示。

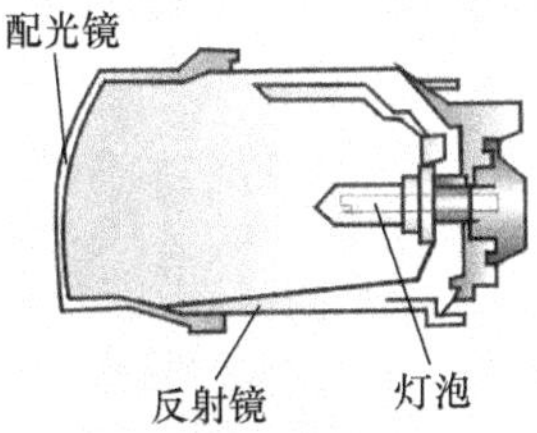

图 3-1　半封闭式前照灯

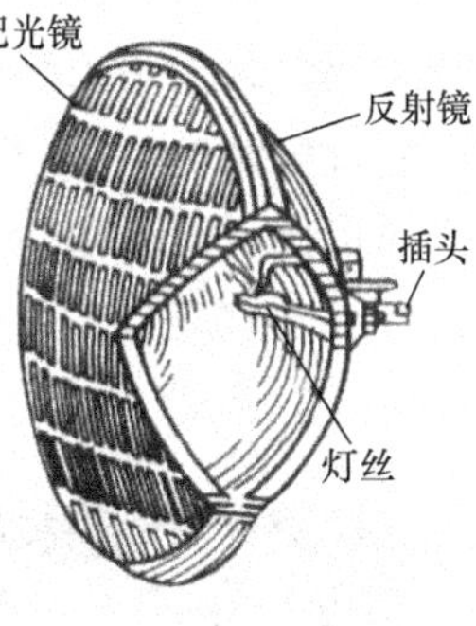

图 3-2　全封闭式前照灯

3. 汽车前照灯的组成

前照灯一般由反射镜、配光镜和灯泡 3 部分组成。

（1）反射镜

反射镜多数呈旋转抛物面状，一般用薄钢板（0.6～0.8mm）冲压成形，或用玻璃、塑料制成，并在表面镀上一层银、铬、铝等，目前多采用真空镀铝，然后抛光处理，如图 3-3 所示。其作用是聚集灯泡发出的光线，形成比原光源增加几百倍或更强的光束水平反射出去，以增加照射距离，满足车灯的使用要求。灯丝位于反射镜的焦点处，其大部分光线经反射后，成为平行光束射向远方，其照射距离可达 150m 或更远，如图 3-4 所示。

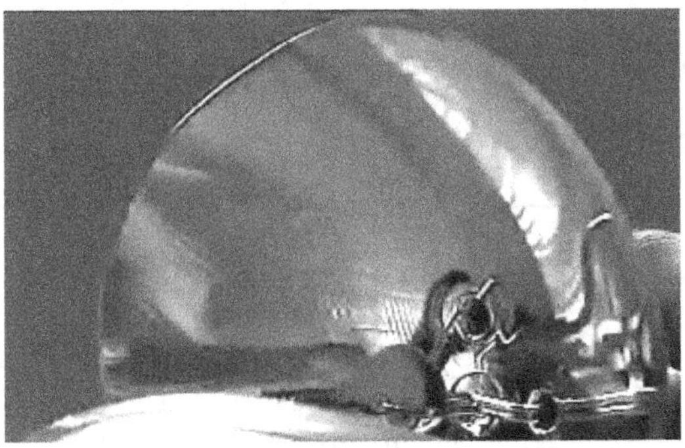

图 3-3　反射镜

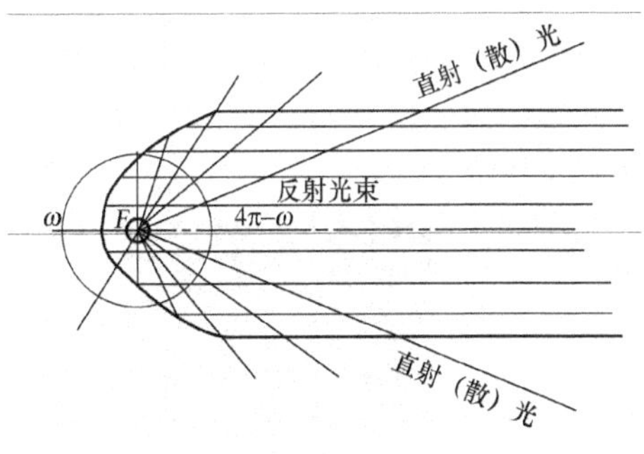

图 3-4　反射镜聚光示意图

（2）配光镜

如图 3-5 所示，配光镜一般为圆形或方形，由透明玻璃制成，外表面光滑圆凸，而内表面由很多小块的凸镜和棱镜组合而成，又称为散光玻璃或配光屏，装于反射镜的前面，其作用是将反射镜水平反射出来的光束进行折射，扩散分配，使路段的照明更加均匀，照射范围扩大。

（3）灯泡

灯泡是为汽车前照灯提供照明的光源，前照灯的灯泡主要有普通充气灯泡（白炽灯泡）、卤钨灯泡、高压放电氙气灯（HID），充气灯和卤钨丝灯两种灯泡的灯丝都是用钨丝制成。

1）普通充气灯泡。图3-6所示的普通充气灯泡是在灯泡内充入氮气和氦、氖、氩、氙、氪等混合的惰性气体，惰性气体在灯泡工作时受热膨胀产生较大压力，一定程度上减少钨丝的蒸发，增加钨丝的发光效度，延长使用寿命。

图3-5　配光镜

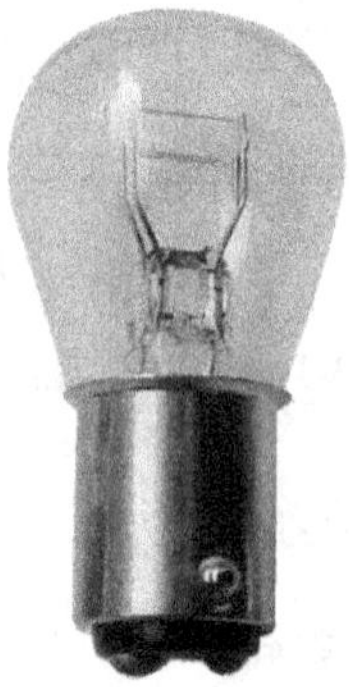

图3-6　普通充气灯泡

2）卤钨灯泡。图3-7所示的卤钨灯泡是在灯泡内充入的惰性气体里面掺进某种卤元素，灯泡工作时，内部卤钨进行再生循环反应，蒸发形成的卤钨（如溴化钨）与炽热的灯丝接触分解为钨和溴，钨又回到灯丝上，其卤钨循环原理如图3-8所示。这类灯泡的使用寿命更长，且不存在灯泡因钨沉积在泡壳上而发黑的情况，故目前已取代充气灯泡被广泛使用。

图3-7　卤钨灯泡

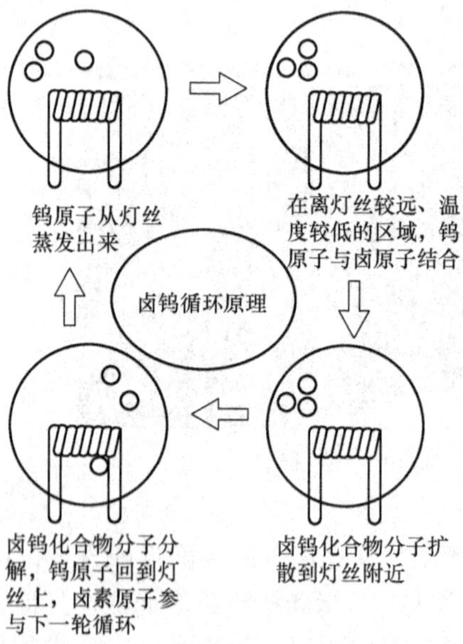

图3-8　卤钨循环原理

3）高压放电氙气灯

高压放电氙气灯外观如图 3-9 所示，其基本结构如图 3-10 所示，在水晶石英玻璃管内充入氙气与碘化物等多种化学气体，灯泡里面没有灯丝，由两个电极激发石英内氙气电离，产生光源，其光色接近日光灯，亮度是卤钨灯的 3 倍，使用寿命是卤钨灯的 10 倍，所需工作电流仅为 3.5A。

4. 车灯的防眩目措施

所谓眩目指人的眼睛受强光照射刺激，视觉暂时看不清比照射光线弱的环境的现象。夜间会车，眩目将使驾驶员短时间内视线模糊，容易因看不清交通路况发生交通事故，所以应该采取防眩目的措施，避免引起驾驶员眩目，以保证行车的安全。

图 3-9　高压放电氙气灯外观

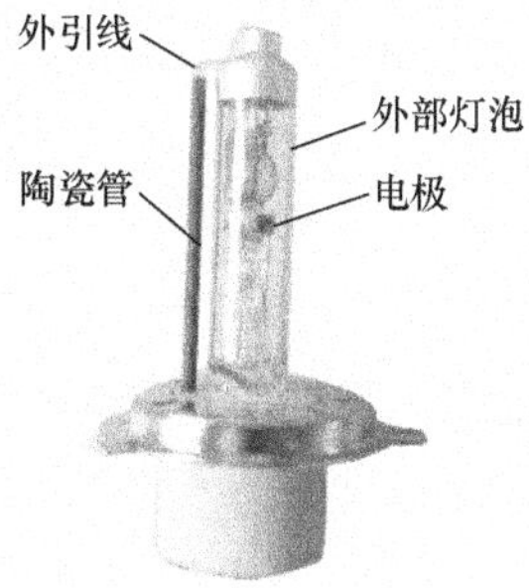

图 3-10　高压放电氙气灯的组成

（1）采用带有配光屏的双丝灯泡

图 3-11 所示，采用带有配光屏的双线灯泡的车灯，其远光灯灯丝位于车灯内反光镜的焦点中，经反射镜反射后水平照向前方，近光灯灯丝位于焦点上方或前方，下方设有遮光盘，将近光灯下方射向反光镜的光线遮挡住，使用近光灯时，消除经反射镜向上折射的光线，提高防眩目效果，目前被广泛使用。

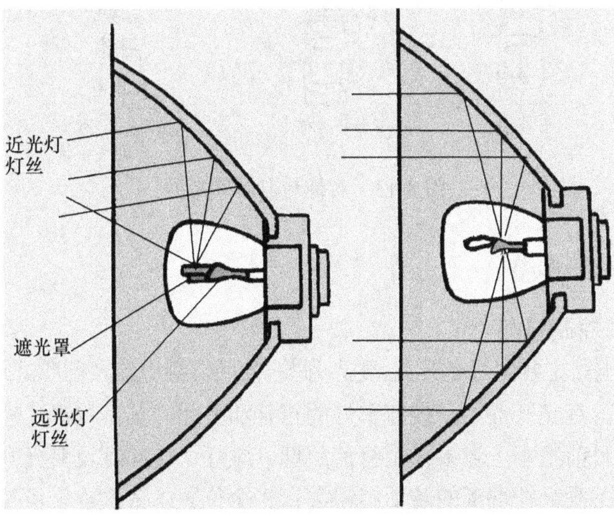

图 3-11　带有配光屏的双丝灯泡

（2）采用远、近光变换

远光灯功率较大，亮度高，照射距离远，近光灯功率小，光线较弱，照射距离较近，夜间行驶会车时，使用近光灯，光线较弱，且经反射后的大部分射向车前的下方，可避免使对方驾驶员眩目，如图 3-12 所示。

（3）用非对称的双丝灯泡

非对称的双丝灯泡具有良好的防眩目效果，安装时将遮光罩偏转一定角度（约 15°角），使近光灯光形分布不对称，光线经反射镜和配光镜后形似“L”，右侧光线倾斜升高 15°。

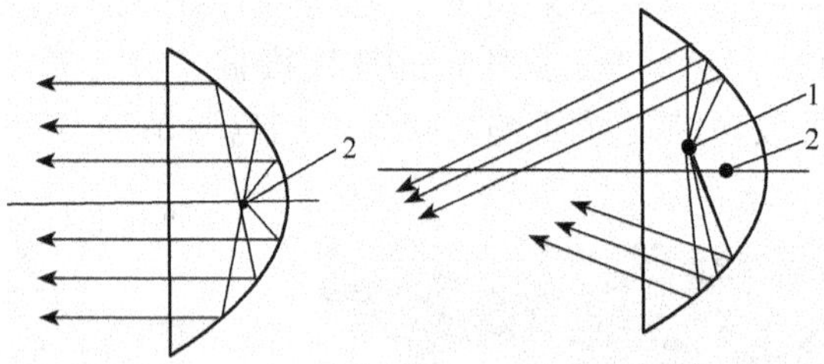

图 3-12 远近灯光反射效果

Z 形配光光形的明暗截至线呈 Z 形（图 3-13），它不仅可避免会车时驾驶员眩目，而且可以防止对面行人和非机动车使用者炫目。

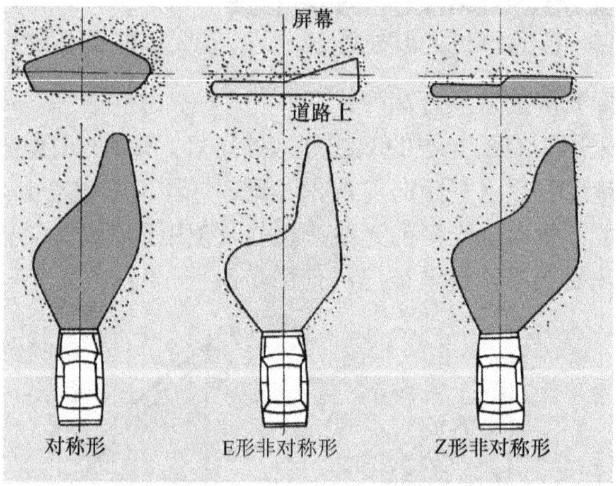

图 3-13 对称与非对称光形

5. 照明系统控制电路

（1）前照灯的控制电路

汽车的前照灯电路主要由灯光开关、变光开关、前照灯继电器及前照灯组成如图 3-14 所示。

1）灯光开关。灯光开关用于控制车灯的打开和关闭，其结构形式较多，有拉钮式、旋转式和组合式等，目前汽车上较多采用将前照灯、尾灯、转向灯及变光开关等制成一体的组合式开关。组合开关操纵杆端部的转动旋钮常有 3 个位置，依次旋转可接通小灯和前照灯，如图 3-15 所示。

2）变光开关。变光开关用于远光和近光的切换。将组合开关操纵杆端部旋钮旋至到前照灯打开位置，可通过拨动操纵杆实现近光与远光变换。目前车辆上多采用组合式变光开关，如图 3-16 所示，该开关安装在转向盘下方，操作方便。

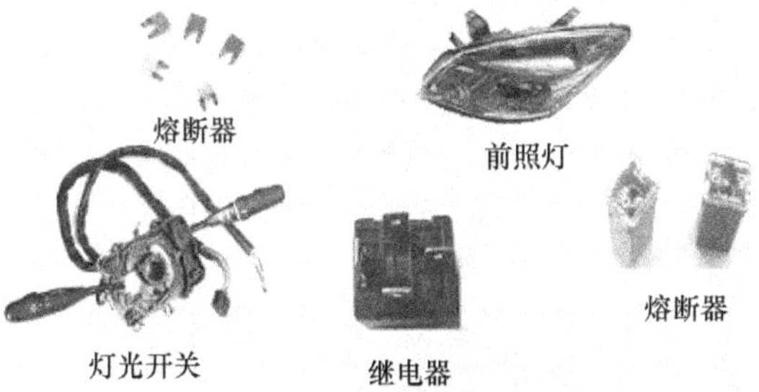

图 3-14　前照灯控制电路的组成

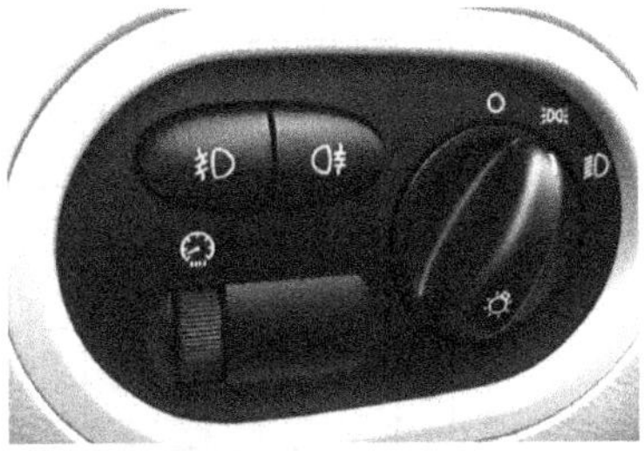
图 3-15　灯光开关

图 3-16　组合式变光开关

3）前照灯继电器。图 3-17 所示的前照灯一般功率相对较大，工作时电流较大，特别是四灯制的汽车，如不使用继电器而用车灯开关直接控制，车灯开关很容易被烧坏，因此，在前照灯电路中设有前照灯继电器，将继电器 SW 端子与灯光开关连接，E 端子与车身搭铁，B 端子连接电源端，L 端子与变光开关连接。接通灯光开关时，继电器线圈通电产生电磁吸力，使触点闭合，通过车灯开关向远、近光灯供电。目前常用灯光继电器来对前照灯进行控制。

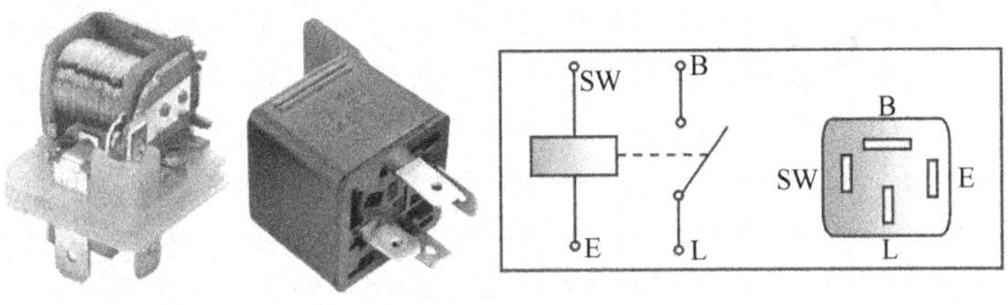

图 3-17　前照灯继电器

4）前照灯电路分析。图 3-18 所示为前照灯线路。

近光灯：将车灯控制开关打到前照灯位置（HEAD 挡），变光开关处于近光灯打开位置（LOW 挡），近光灯控制电路接通，电能由蓄电池正极→前照灯继电器（H-LP）1、2 端子→车灯控制开关→近光灯开关→车身搭铁回到蓄电池负极，此时车灯继电器常开触点

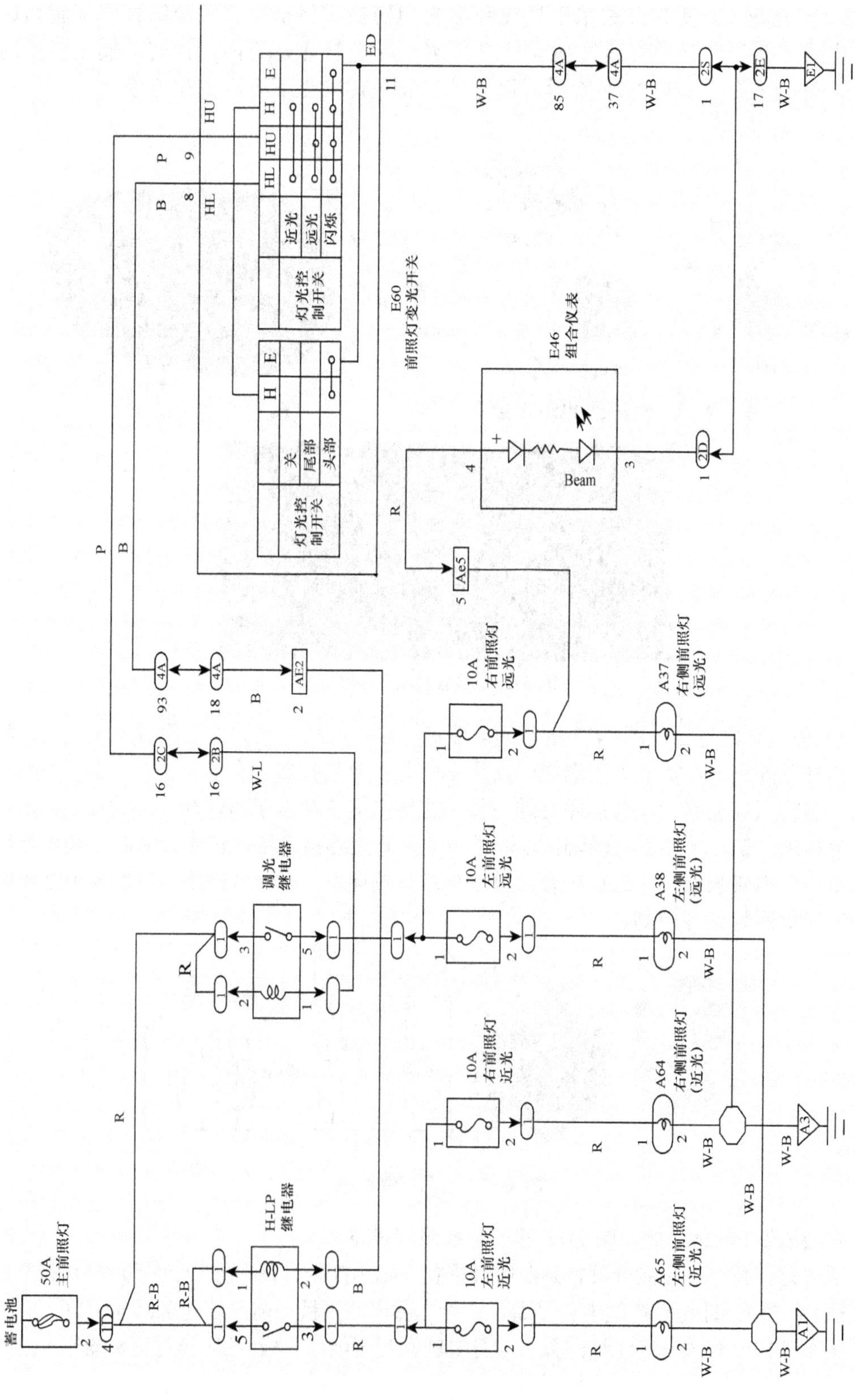

图 3-18 前照灯控制电路

闭合，3、5 端子导通，近光灯电路接通，两侧近光灯点亮。

远光灯：将车灯控制开关打到前照灯位置（HEAD 挡），变光开关处于近光灯打开位置（HIGH 挡），远光灯控制电路接通，电能由蓄电池正极→变光继电器 1、2 端子→车灯控制开关→近光灯开关→车身搭铁回到蓄电池负极，此时车灯继电器常开触点闭合，3、5 端子导通，远光灯电路接通，两侧远光灯点亮。

咨询二　前照灯的检修

（一）前照灯的检测与调整

1. 汽车前照灯灯光标准

汽车前照灯的要求，根据 GB 7258－2004《机动车运行安全技术条件》的规定，应符合以下标准：

1）所有前照灯的近光都不得眩目。

2）对于远光光束发光强度，机动车每只前照灯的远光光束发光强度应达到表 3-1 的要求。

表 3-1　前照灯远光光束发光强度要求　　单位：cd（坎德拉）

检查项目 机动车类型		新注册车 一灯制	新注册车 两灯制	新注册车 四灯制	在用车 一灯制	在用车 二灯制	在用车 四灯制
三轮汽车		8000	6000	—	6000	5000	—
最高设计车速小于 70km/h 的汽车		—	10000	8000	—	8000	6000
其他汽车		—	18000	15000	—	15000	12000
摩托车	两轮摩托车、三轮摩托车	10000	—	—	8000	—	—
	轻便摩托车	4000	—	—	3000	—	—
拖拉机运输机组	标定功率＞18kw	—	8000	—	6000	—	—
	标定功率≤18kw	6000[2)]	6000	—	5000[2)]	5000	—

注：1）采用四灯制的机动车，其中两只对称的灯达到两灯制的要求时视为合格。

2）允许手扶拖拉机机组只装用一只前照灯。

3）在检验前照灯近光光束照射位置时，前照灯在距离屏幕 10m 处，乘用车前照灯近光光束明暗截止线转角或中点的高度应为 $0.7H$～$0.9H$（H 为前照灯基准中心高度）；其他机动车（拖拉机运输机组除外）应为 $0.6H$～$0.8H$。机动车（装有一只前照灯的机动车除外）前照灯近光光束水平方向位置向左偏不得超过 170mm，向右偏不得超过 350mm。

4）在检验前照灯远光光束及远光单光束灯照射位置时，前照灯在距离屏幕 10m 处，要求在屏幕光束中心离地高度，对乘用车为不低于近光光束明暗截止线转角或中点的高度且不高于 $1.0H$，对其他机动车为 $0.8H$～$0.95H$；机动车（装有一只前照灯的机动车除外）前照灯远光光束水平位置要求，左灯向左偏不得超过 170mm，向右偏不得超过 350mm，右灯向左或向右偏均不得超过 350mm。

2. 前照灯的检测与调整

汽车前照灯为夜间行车提供了照明的光源，要求其光照明亮而均匀，且不得眩目，前照灯光调整是否正确，对行车安全具有极大的影响，因此，需要定期对汽车前照灯进行安全检查与调整，以确保行车安全。

目前，前照灯检测的方法主要有屏幕检测法和仪器检测法两种，对于不同的检测仪器设备，其使用方法也不尽相同，应根据仪器使用说明书操作方法进行，在此不做介绍，下面主要对屏幕检测法进行介绍。

1）将汽车停在水平地面上，检查轮胎气压是否符合标准，从汽车上卸下所有负载（只允许一名驾驶员乘坐）。

2）距汽车前照灯 10m 处竖放一个屏幕（注意：不同的车型，距离可不同，具体参照维修手册），在屏幕上画出两条垂线（两条线分别通过左右前照灯的中心）和一条水平线（与前照灯的离地高度等高），如图 3-19 所示。再画一条比 H 低 D（mm）的水平线（D 值为光速照射位置值，应符合国家标准），此线与两条垂线分别交于两点，这两点则为两侧车灯的中心。

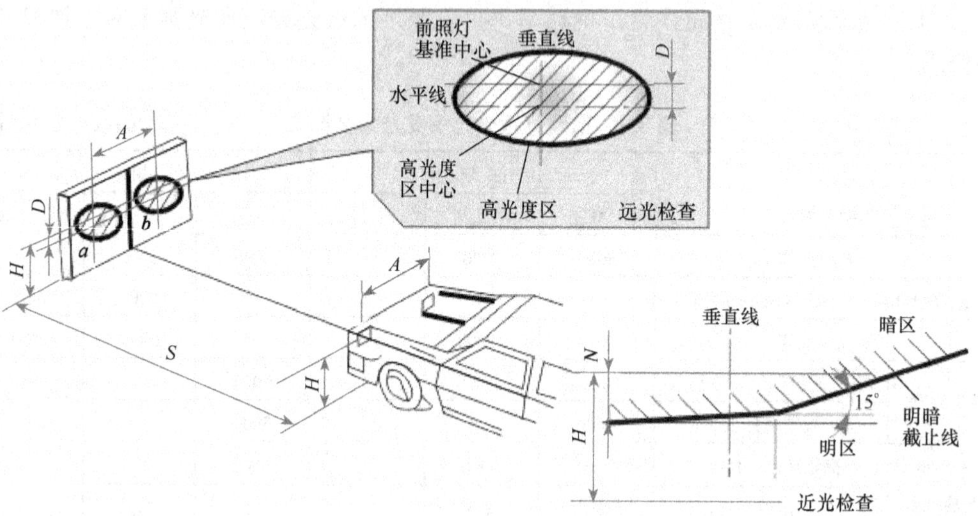

图 3-19　前照灯光束位置检查

3）起动发动机，使之以 2000 r/min 的速度旋转（此时蓄电池不放电），打开前照灯远光，观察灯光中心位置是否符合要求，检查时，应把其中一只前照灯遮住，检查另外一只前照灯，如不符合要求，则可通过调整螺钉进行调整，如图 3-20 所示，然后以同样的方法调整另一侧前照灯。

图 3-20　前照灯光束调整位置

注意：机动车装有远光和近光双光束灯时，以调整近光光束为主。对于只能调整远光单光束的灯，调整远光单光束。

（二）汽车前照灯常见故障分析

汽车照明系统灯具种类较多，常见的故障主要有两种情况：一是车灯不能正常点亮（包括异常烧坏），二是灯光亮度不符合要求。引起故障的原因很多，归纳起来主要有电器元器件故障、控制线路存在故障等方面。前照灯不亮是汽车照明系统中较常见的故障，下面主要对汽车前照灯不亮故障进行分析。

前照灯不亮故障分析见表 3-2。

表 3-2　前照灯不亮故障分析

故障现象	故障原因分析	故障排除
一侧近光不亮	左（右）侧近光灯熔丝被烧断	检查该处熔丝是否烧断，烧断应更换熔丝
	左（右）侧近光灯灯泡坏	检查该灯丝是否烧坏，烧断应更换灯泡
	左（右）侧近光灯控制电路存在短路或断路、搭铁不良、连接器接触不良	检查左（右）侧近光灯控制电路，对短路、断路、搭铁不良处进行修复，松脱处重新插接、卡紧
左右两侧近光灯全不亮	前照灯主熔丝被烧断，或两侧分熔丝均被烧断	检查该处熔丝是否烧断，烧断应更换熔丝
	前照灯继电器故障	检查继电器的工作情况，如有老化损坏应更换
	前照灯变灯开关总成故障或接触不良	检查开关性能是否良好，存在故障应更换
	控制电路存在短路或断路、搭铁不良、连接器接触不良	检查前照灯控制电路，对短路、断路、搭铁不良处进行修复，松脱处重新插接、卡紧
一侧远光不亮	左（右）侧远光灯熔丝烧断	检查并更换烧断的熔丝
	左（右）侧远光灯灯泡坏	检查该灯丝是否烧坏，烧断应更换灯泡
	左（右）侧远光灯控制电路存在短路或断路、搭铁不良、连接器接触不良	检查左（右）侧远光灯控制电路，对短路、断路、搭铁不良处进行修复，松脱处重新插接、卡紧
左右两侧远光灯全不亮	前照灯变光继电器故障	检查变光继电器的工作情况，如有老化损坏应更换
	前照灯变灯开关总成故障或接触不良	检查远光灯开关性能是否良好，存在故障应更换，松脱处应重新插接、卡紧
	控制电路存在短路或断路、搭铁不良、连接器接触不良	检查远光灯控制电路，对短路、断路、搭铁不良处进行修复，松脱处重新插接、卡紧
远光闪光灯不亮，近光正常	前照灯变灯开关总成故障或接触不良	检查远光灯开关性能是否良好，存在故障应更换，松脱处应重新插接、卡紧
近光或远光灯不能正常熄灭	前照灯变灯开关总成故障	检查远光灯开关性能是否良好，存在故障应更换
	控制电路存在短路	检查近光或远光灯控制电路，对线路进行修复

在进行故障检查时，首先要对电源进行检查，排除由于电源不足引起的故障，避免造成误诊，节省时间和成本。对照明系统故障进行诊断，要注意方法，根据实际情况分析。原则上，同时存在多个故障时，一般首先从多个灯系的公共电路上排查故障，而对于单个灯出现故障的情况，则优先从该灯的单独电路上排查故障。

另外，对于带有自控系统的照明系统，还要考虑相应控制单元（如主车身 ECU）及与其连接线路是否存在故障，可通过读取故障码进行诊断与排除故障。

专业知识拓展

（一）自动灯控系统

配备有自动灯控系统的汽车，车灯（包括前照灯、尾灯、雾灯）均由主车身电控单元来控制，当将灯控开关设为 AUTO 时，主车身 ECU 根据自动控制传感器检测的信号（环境光亮等级信号）来控制前照灯和尾灯，实现自动控制。例如，夜间行车时，主车身 ECU 接收到自动控制传感器检测到光线较暗传来的信号，控制前照灯和尾灯自动亮起，如果车灯亮起或熄灭时机不符合车主的喜好，还可以进行智能调整。其线路图如图 3-21 所示。

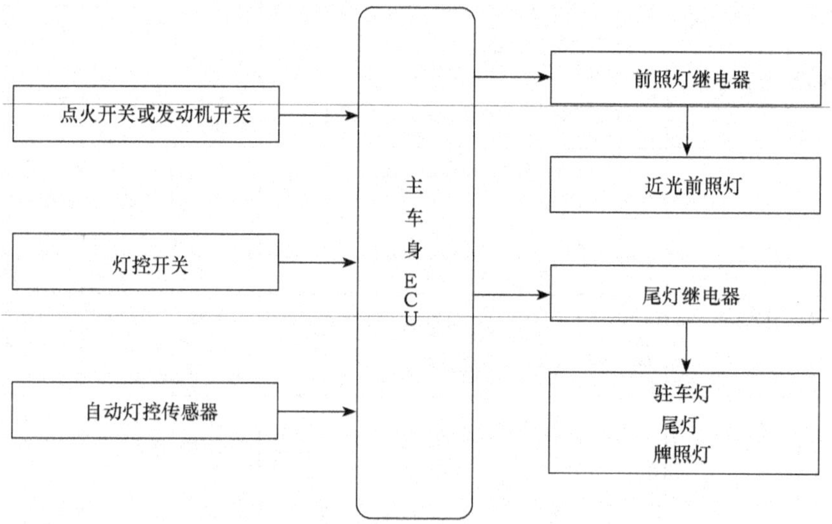

图 3-21　自动灯控系统

（二）前照灯灯束高度自动控制系统

当车辆停止时，前照灯灯束高度自动控制系统使前照灯近光光束保持在一个恒足高度。前照灯灯束高度自动控制系统通过后高度控制传感器检测车辆状态，通过组合仪表来检测车速，并将检测到的信号传给 ECU，ECU 经过运算后向控制前照灯光束高度调整电动机发出指令，从而改变前照灯的反射角度。

前照灯灯束高度自动控制系统主要由右后高度控制传感器、组合仪表、前大灯灯束高度调整电动机、前照灯灯束高度调整 ECU 组成。

1）右后高度控制传感器：用于检测车辆的高度。

2）组合仪表：点火开关置于 ON（IG）位置时，组合仪表中的前照灯灯束高度自动控制系统警告灯亮起 3s 进行自检，然后自动熄灭，如果 3s 后不熄灭，说明系统有故障，需进行检修，排除故障。组合仪表的作用是向前照灯灯束高度调整 ECU 输送车速信号。

3）前照灯灯束高度调整电动机：用于根据前照灯灯束高度调整 ECU 的指令产生动作，移动前照灯反射镜角度，改变近光灯光束的反射角度。

4）前照灯灯束高度调整 ECU：点火开关置于 ON（IG）位置时，ECU 使组合仪表中的前照灯灯束高度控制系统警告灯亮起 3s 进行自检，系统故障时该 ECU 使警告灯长亮报警。

注意事项：

1）在因更换悬架而引起车辆高度变化或在执行如拆卸和重新安装或更换后高度控制传感器分总成等操作后，应初始化高度控制传感器信号。

2）更换前照灯灯束高度调整 ECU 后，也要进行初始化。

（三）前照灯延时控制电路

在夜间或黑暗停车场所停车后，车灯随着点火开关的关闭马上关闭，给驾驶员离开黑暗的场所带来不便，目前汽车常设有前照灯延时控制系统，其作用是当关闭点火开关后前照灯会继续亮一段时间后再自行熄灭，便于驾驶员离开。

案例分析

故障现象：一辆丰田卡罗拉 1.6L 轿车行驶总里程 11.8 万千米，据送修车主反映，晚上准备开车时，打开灯光开关，变灯开关处于近光位置时，两侧近光灯均不亮，变灯开关处于远光位置时，两侧远光灯正常，于是将车开到维修服务站进行维修。接车后打开汽车前照灯开关，不关变灯开关，远光灯正常，两侧近光灯均不亮；起动发动机，分别在发动机怠速、低速和高速工况下观察，故障现象仍然没有变化。

故障原因分析：根据车主反映和检查的情况，该故障属于左右两侧远光灯全不亮故障，引起该故障的可能原因主要有以下几个方面：

1）近光灯主熔丝（H-LP MAIN）被烧断，或两侧近光灯熔丝（H-LP RHLO 和 H-LP LHLO）均被烧断。

2）前照灯灯光继电器故障。

3）前照灯变灯开关总成故障或接触不良。

4）控制电路存在短路或断路、搭铁不良、连接器接触不良。

故障诊断：两个近光灯同时不亮，故障存在于两个近光灯公共电路的可能性较大，远光灯正常，远光灯与近光灯共用 H-LP MAIN 熔丝，可排除电源不供电及 H-LP MAIN 熔丝烧断的情况，前照灯继电器到两个近光灯熔丝处为两个近光灯电路的分支点，因此，可从以下几个方面进行诊断和排除故障。

1）打开发动机室的接线盒，用万用表分别检查近光灯左熔丝（H-LP LHLO）和近光灯右熔丝（H-LP RHLO）的电阻，电阻应小于1Ω，不符应更换（也可拔出两个熔丝目视检查）。

2）用万用表电压挡测量熔丝加载槽与搭铁之间的电压，将车灯开关置于前照光（HEAD）位置，当变光开关置于近光灯打开（LOW）位置时，测得电压值应为11～14V，当变光开关置于远光灯打开（HIGH）位置时，测得电压应低于1V。

① 电压正常，说明故障位于熔丝后面电路。

a．拔下灯泡插头，分别测量左右灯泡接头1、2近灯光熔丝间的电阻，阻值应小于1Ω，不符应更换线束或插接器，如图3-22左图所示。

b．测量灯泡2与搭铁间的电阻，阻值应小于1Ω，否则搭铁不良，应更换线束和插接器。

c．如a、b正常，应检查和更换灯泡。

② 电路接通时电压低于11V，说明故障位于熔丝前面电路。

a．测量前照灯灯光继电器，如图3-23所示。分别测量前照灯灯光继电器与左近光熔丝（H-LP LHLO）和右近光灯熔丝（H-LP RHLO）的电阻，电阻应小于1Ω，不符应更换插接器或线束。

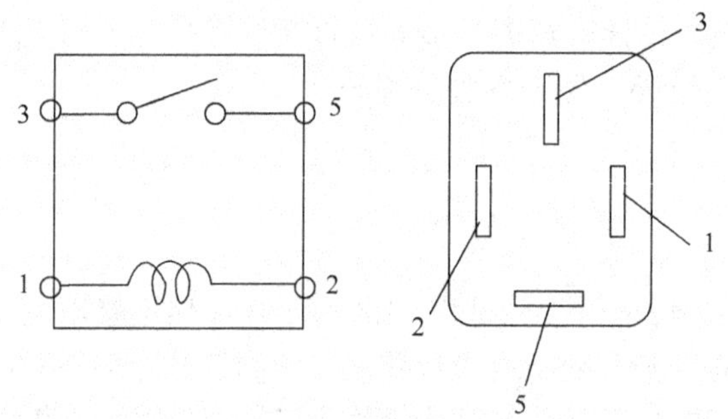

图3-22　检查熔丝故障参考电路图

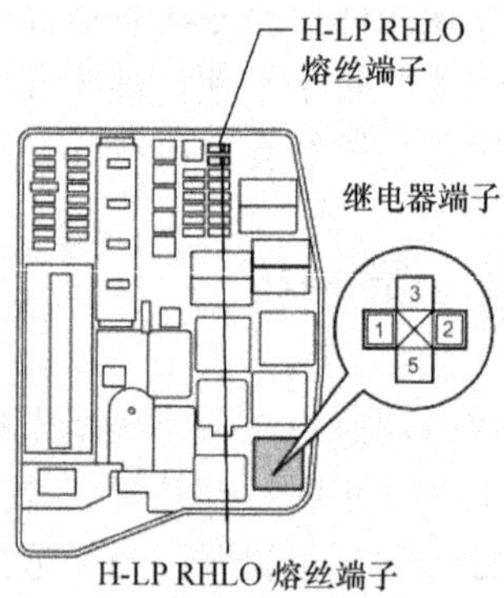

图3-23　测量前照灯灯光继电器

b．拆下前照灯灯光继电器并测量，未在1、2端子间加电压时，3、5端子间电阻应大于10kΩ，给1、2端子间加电压时，3、5端子间电阻应小于1Ω，否则应更换车灯继电器，如图3-22右图所示。

c．分别测量前照灯灯光继电器1端子与车身搭铁、5端子与车身搭铁间的电压，电压应为11～14V，不符应更换插接器或线束。

d．拔下变灯开关插接器，变灯开关置于近光位置，测量近光开关端子HL与HV间的电阻应小于1，否则更换变灯开关。测量插接器HL端子与车身搭铁的电压，应为11～14V，否则应更换测量插接器HL端子与前照灯灯光继电器2之间的线束。

课后任务

请根据所学内容进行科学合理的汽车配件与维修设备调查，并完成表3-3。

表 3-3 前照灯维修零件统计

配件名称	型号	适用车型	价格	信息来源
远近光灯总成				
近光灯灯泡				
远光灯灯泡				
远近光/灯光组合开关				
远光灯继电器				
远光灯熔丝				
近光灯熔丝				
雾灯总成				
雾灯灯泡				
雾灯开关				
雾灯继电器				
雾灯熔丝				

学习任务四　信号系统故障的检修

学习子任务一　认识汽车信号系统

任务要求

完成本学习任务后，应该能够：

1）正确描述汽车信号系统的组成和用途。

2）正确描述汽车信号系统各元器件的位置。

3）正确操作汽车信号系统的功能键。

情景导入

一辆丰田卡罗拉轿车新车交付，新车车主学习如何使用汽车信号系统。

学习过程

1）完成修复车辆交付，提高客户的满意度。

2）收集信息，学习汽车信号系统的相关知识。

3）完成交车与讲解汽车信号系统知识，提升技能综合能力。

4）展示学习成果，提升学习自信心。

5）评价与反思，建立健全的学习机制，养成良好的职业素养。

学习咨询

（一）汽车信号系统的作用

汽车信号系统用于反映汽车行驶状态，通过光、电、声音向外界传递汽车状况信息，保证汽车安全行驶。

（二）汽车信号系统的组成

汽车信号系统主要由驻车灯、转向灯、示位灯、制动灯、危险警告灯、倒车灯、扬声器等组成。

（三）各信号装置的名称、位置及特征

主要信号装置的名称、位置及特征见表4-1。

表4-1　各信号装置的名称、位置及特征

名　称	位　置	功率 / W	用　途	光　色
转向灯、危险警告灯	汽车头部、尾部及两侧	21	使前后车辆及行人知晓车辆的行驶趋向；车辆遇到危险时危险警告灯发出警报信号	淡黄色光
倒车灯	汽车尾部	21	照明车辆后侧，同时警告后方的车辆及行人注意安全	白色光
制动灯	汽车尾部	21	向后方车辆及行人发出较醒目的安全警示信号，避免追尾碰撞	红色光
示位灯	汽车前面、后面和侧面	5	夜间标示车辆的存在及所处位置	前：白色和黄色 后：红色 侧：淡黄色
示廓灯	车身的前、后、左、右四角	3～5	标示车辆的轮廓	红色光
驻车灯	车头、车尾和两侧	3	标示车辆的开关位置，警示车辆及行人注意避让，以防碰撞	前：白色光 后：红色光
警示灯	汽车顶部	40～45	标示车辆特殊类型，消防车、警车为红色，救护车为蓝色	白色或黄色光
扬声器	发动机室内	—	发出声响，警告行人车辆以确保行车安全	—

（四）汽车信号系统的图示

（1）前照灯

前照灯总成及雾灯如图4-1所示。

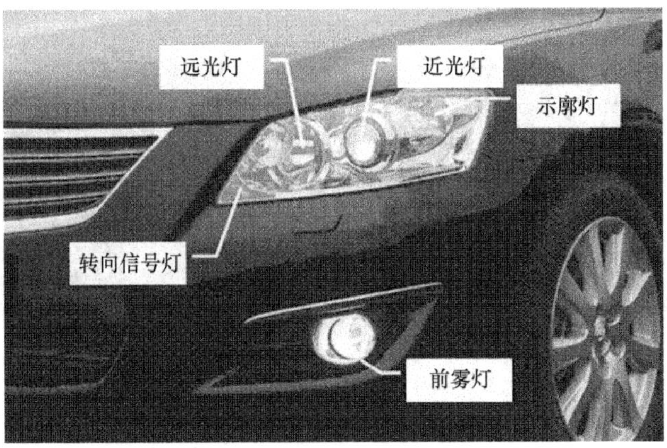

图4-1　前照灯总成及雾灯

（2）尾灯

图 4-2 所示的尾灯，在晚上或者在隧道内行驶时，尾灯可通知后面的车辆前方有车在行驶。

图 4-2　尾灯

（3）制动灯

图 4-3 所示的停车灯通知后面的车辆本车正在制动。通常情况下，制动灯和尾灯同在一个灯箱内并且灯光较亮。

图 4-3　制动灯

（4）转向灯

图 4-4 所示的转向灯告知附近的其他车辆本车正准备右转弯或者左转弯或者准备改变行驶方向。

图 4-4　转向灯

（5）危险警告灯

图 4-5 所示的危险警告灯告知附近的其他车辆本车已准备紧急停车或者已经停车。

图 4-5　危险警告灯

（6）倒车灯

图 4-6 所示的倒车灯在车辆倒车时打开。在晚上也打开倒车灯。

图 4-6　倒车灯

（7）示廓灯

图 4-7 所示的示廓灯可告知附近的其他车辆本车的位置和宽度。

图 4-7　示廓灯

（8）牌照灯

图 4-8 所示的牌照灯使得车辆在夜间行驶时，其牌照清晰可见。

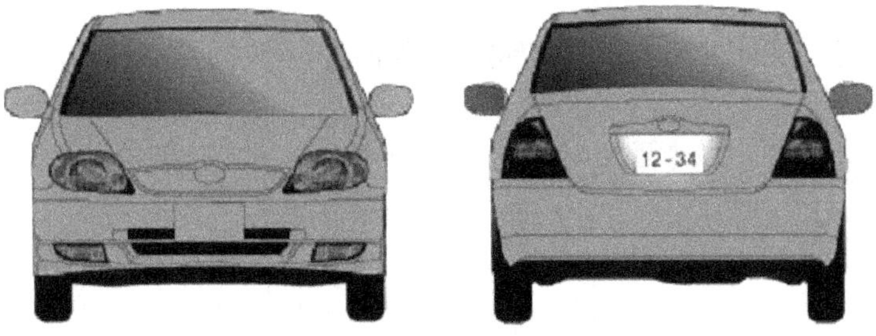

图 4-8　牌照灯

（9）前后雾灯

图 4-9 所示的前后雾灯用于车辆在较低的能见度（如雾天或者下雨天时）行驶时。

图 4-9　前后雾灯

专业知识拓展

汽车灯光检查手势如下：

（1）前示廓灯

图 4-10 所示，立正，双臂向两边平张，手掌向内侧。

（2）近光灯

图 4-11 所示，立正，双臂向前伸直，手掌向下。

图 4-10　示廓灯检查手势

图 4-11　近光灯检查手势

（3）远光灯

图 4-12 所示，立正，双臂平行抬起，手掌向上，手指向后。

（4）前雾灯

图 4-13 所示，立正，双臂平行向前伸直，双手握起，拇指向下。

图 4-12　远光灯检查手势

图 4-13　前雾灯检测检测手势

（5）前右转向灯

图 4-14 所示，立正，左手向左伸直，手掌向下，四指和拇指做闪烁指示动作。

（6）前左转向灯

图 4-15 所示，立正，右手向右伸直，手掌向下，四指和拇指做闪烁指示动作。

图 4-14　前右转向灯检测手势

图 4-15　前左转向灯检查手势

（7）前危险警告灯

图 4-16 所示，立正，双臂向两边平张，手掌向下，四指和拇指做闪烁指示动作。

（8）前右驻车灯

图 4-17 所示，立正，左手向左伸直，手掌向内侧。

图 4-16　前危险警告灯检查手势

图 4-17　前右驻车灯检查手势

（9）前左驻车灯

图 4-18 所示，立正，右手向右伸直，手掌向内侧。

（10）后左后驻车灯

图 4-19 所示，立正，左手向左伸直，手掌向内侧。

图 4-18　前左驻车灯检查手势

图 4-19　右后驻车灯检查手势

（11）右后驻车灯

图 4-20 所示，立正，右手向右伸直，手掌向内侧。

（12）后示廓灯

图 4-21 所示，立正，双臂向两边平张，手掌向内侧。

图 4-20　左后驻车灯检查手势

图 4-21　后示廓灯检查手势

（13）后雾灯

图 4-22 所示，立正，双臂平行向前伸直，双手握起，拇指向下。

（14）左后转向灯

图 4-23 所示，立正，左手向左伸直，手掌向下，四指和拇指做闪烁指示动作。

（15）右后转向灯

图 4-24 所示，立正，右手向右伸直，手掌向下，四指和拇指做闪烁指示动作。

（16）后危险警告灯

图 4-25 所示，立正，双臂向两边平张，手掌向下，四指和拇指做闪烁指示动作。

图 4-22　后雾灯检查手势

图 4-23　左转向灯检查手势

图 4-24　右后转向灯检查手势

图 4-25　后危险警告灯检查手势

（17）制动灯

图 4-26 所示，立正，双手平行向前，手掌向下。

（18）倒车灯

图 4-27 所示，立正，双臂平行向前升起，手掌向后。

图 4-26　制动灯检查手势

图 4-27　倒车灯检查手势

（19）倒车报警装置和牌照

图 4-28 所示，倒车报警装置及牌照灯工作是否正常，正常则举起右手做 OK 动作。

图 4-28 倒车报警装置及牌照灯检查手势

案例分析

事故现象：某车辆于凌晨 5 点在国道上行驶，速度 60km/h，当时天气大雾。某一车辆距离其 100m，没有开启雾灯，行驶速度为 100km/h。前车遇路口转弯，驾驶员减速，由于制动灯和高位制动灯坏损，制动灯和高位制动灯没有亮起。同时，驾驶员转弯时没有拨动转向开关。后车由于速度过快，加之无法识别前车转弯和制动，发生了追尾事故。

事故分析：根据案例中发生的事故，究其根源，事故原因有以下 3 点。

1）前车驾驶员转弯时，制动灯和转弯灯均没有亮起，致使后车驾驶员无法识别前车转弯和制动，直接导致事故发生。

2）后车在大雾天气没有开启雾灯，加之速度过快，间接导致了事故发生。

3）前车驾驶员制动时，制动灯和高位制动灯均故障，说明车主不注意汽车保养的重要性。在汽车信号灯发生故障时，应及时进行维修。

综上所述，汽车行驶时，驾驶员要正确操作各信号灯，同时要注意汽车保养，确保信号灯正常工作，提高行车的安全性。

学习子任务二　制动灯不亮故障的检修

任务要求

完成本学习任务后，应该能够：

1）正确描述汽车制动灯的作用。

2）正确描述汽车制动开关的工作原理。

3）使用试灯法，检测灯光电路。

4）能对汽车制动灯不亮的故障进行维修。

情景导入

一辆丰田卡罗拉轿车行驶 62000km，踩踏汽车制动踏板时，制动灯不亮。

学习过程

1）完成车辆交付，提高客户的满意度。
2）收集信息，学习汽车制动灯的相关知识。
3）完成交车与讲解汽车制动灯相关知识，提升技能综合能力。
4）展示学习成果，提升学习自信心。
5）评价与反思，建立健全的学习机制，养成良好的职业素养。

学习咨询

（一）汽车制动灯的作用

汽车制动时，制动灯亮起，向外界发出制动信号，防止后方车辆发生追尾事故，提高行车的安全性。

（二）汽车制动电路

制动灯的电路图如图 4-29 所示。其主要由蓄电池、点火开关、熔丝、制动开关、制动灯等组成。

（三）制动开关的作用、分类及工作原理

1. 制动开关的作用

制动灯开关时，将驾驶员的动作信号转变为电信号，点亮制动灯，同时向 ECU 输入制动信息，ECU 发出制动指令。

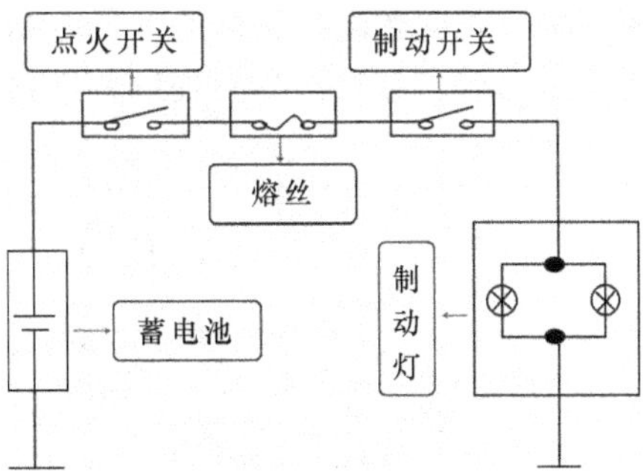

图 4-29　制动灯电路图

2. 制动开关的分类及工作原理

制动开关一般分为机械式、气压式和液压式。

（1）机械式制动开关

如图 4-30 所示，驾驶员踩下制动踏板时，活动触点接通 1、4 接线柱，制动灯点亮；驾驶员松开踏板后，活动触点将电路断开，制动灯熄灭。

（2）气压式制动开关

如图 4-31 所示，固定触点接蓄电池正极，活动触点接线柱与制动灯连接。当驾驶

员未踩下制动踏板时，制动灯开关膜片上方无压力作用，活动触点在活动触点弹簧的作用下与固定触点分离，制动灯不亮；踩下制动踏板后，气压作用在制动灯开关膜片上，克服活动触点弹簧的弹力，迫使活动触点与固定触点接通，制动灯点亮。

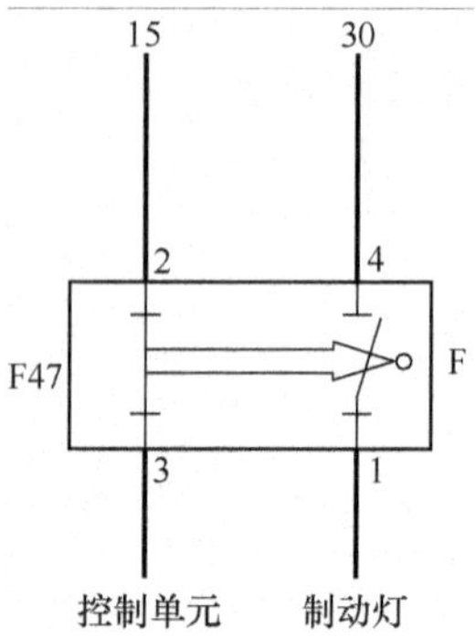

图 4-30　机械式制动开关光

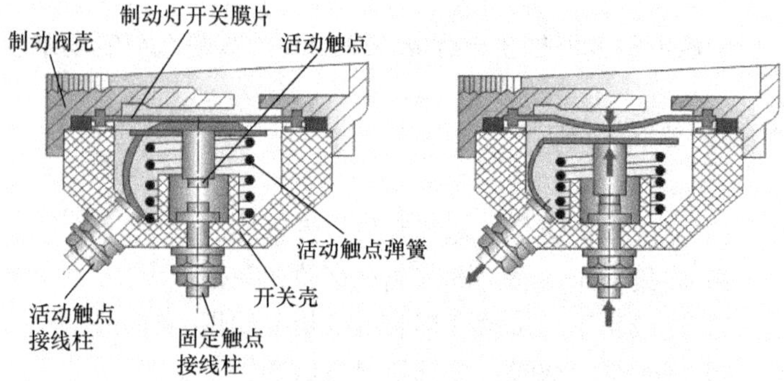

图 4-31　气压式制动开关

（3）液压式制动开关

如图 4-32 所示，液压式制动开关的两个接线柱，一端接蓄电池正极，一端接制动灯开关接线柱。驾驶员踩下制动踏板后，液压油经管接头流入，压力作用在膜片上，克服弹簧弹力，触板移动，接通了两个接线柱，制动灯点亮。

专业知识拓展

1. 试灯法检测灯管线路故障

如图 4-33 所示，试灯铁夹搭铁，触针分别接触从点火开关至灯具处的接线，如试灯点亮，说明触电接触处的前段线路完好；如试灯不亮，说明触针接触处的前一个用电元器件故障，或接线处存在断路或接触不良的故障。

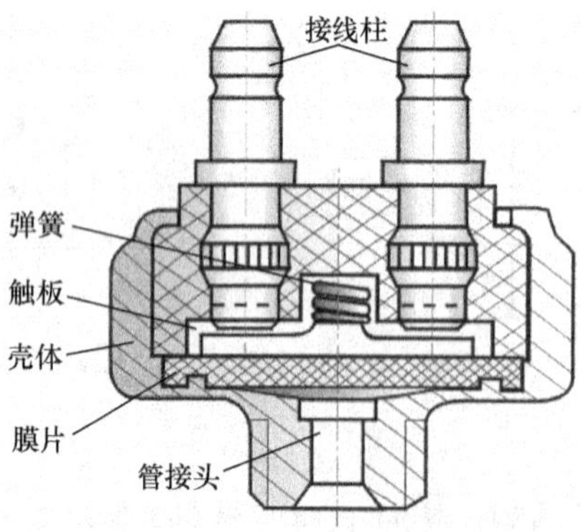

图 4-32　液压式制动开关

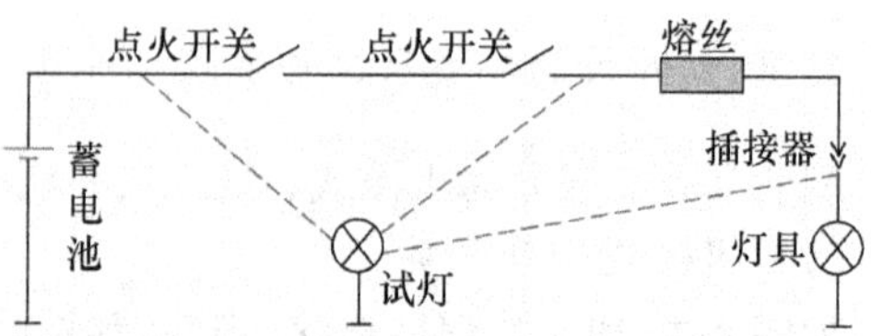

图 4-33　线路断路检测

2. 倒车灯常见故障

（1）倒车灯不亮

先查看倒车灯熔丝是否烧断；若完好，可将倒车灯开关短接，短接后灯变亮，说明倒车灯开关失效；短接后灯仍不亮，可查倒车灯灯丝是否烧断，灯座是否接触不良；最后用试灯检查线路是否断路。

（2）倒挡挂不进

遇此故障，可旋出倒车灯开关再重挂，挂进了说明倒车灯开关钢球卡死、漏装垫圈或垫圈太薄；重挂挂不进，说明变速器有故障。

（3）仅倒挡倒车灯不亮，其余挡位全亮

常开式倒车灯与常闭式倒车灯开关装反了。

倒车报警电路故障的诊断方法同上。发现倒车报警器失效，一般做换件处理。在有电子配件来源的情况下，可拆开报警器外壳，检查各分立元器件的性能并修复使用。

案例分析

故障现象：一辆丰田卡罗拉轿车行驶62000km，踩踏汽车制动踏板时，制动灯不亮。

故障诊断：

1. 维修方案

依照从易到难的维修思路，维修员制定了维修方案，详细内容如下：检查制动灯灯丝是否烧断；插接器是否被水汽腐蚀；用试灯法检查制动灯线路是否存在短路、断路现象。

2. 故障检测

根据维修方案，维修员对故障进行了检测。首先，拆下制动灯泡，观察后发现灯丝无烧断，使用万用表检测灯泡通电性，发现通电性良好；然后，使用万用表检测插接器的通电性，发现插接器的通电性良好；最后用试灯法检测制动灯线路，发现制动开关处，试灯不亮。按下制动开关后，检测两个接线柱的通电性，发现不通电。因此，故障点可能就在此处。

3. 故障维修

更换制动开关，踩下制动踏板时，制动灯点亮，故障消失。

故障原因：制动开关属于触电式开关，在使用过程中会存在烧蚀现象，从而导致线路接触不良。同时，空气中存在水蒸气，也可能对触点和接线柱造成腐蚀，进而产生制动开关不通电故障。

故障修复：更换制动开关。

课后任务

请根据所学内容进行科学合理的汽车配件与维修设备调查，并完成表 4-2。

表 4-2　灯光维修配件统计

配件名称	型　号	适用车型	价　格	信息来源
制动灯总成				
制动灯灯泡				
制动灯开关				
制动踏板				
倒车挡杆				

学习子任务三　转向灯不亮故障的检修

任务要求

完成本学习任务后，应该能够：

1）正确描述汽车转向灯的作用。

2）正确识读汽车转向灯电路。

3）能对汽车转向灯不亮的故障进行维修。

情景导入

一辆丰田卡罗拉轿车行驶 46000km，拨动转向开关时，转向灯常亮，不闪烁。

学习过程

1）完成车辆交付，提高客户的满意度。

2）收集信息，学习汽车转向灯的相关知识。

3）完成交车与讲解汽车转向灯相关知识，提升技能综合能力。

4）展示学习成果，提升学习自信心。

5）评价与反思，建立健全的学习机制，养成良好的职业素养。

学习咨询

（一）汽车转向灯的作用

汽车转弯或变道前，指示车辆的行驶方向，同时向外界发出信息，提高行车的安全性。

（二）转向灯电路的组成

如图 4-34 所示，转向灯电路主要由点火开关、转向与危险警告灯开关、闪光器、转向信号灯和转向信号指示灯组成。

（三）转向灯开关及危险警告灯开关的使用

1. 转向灯开关的使用

转向灯开关如图 4-35 所示。汽车左转弯或向左变道前，需向下拨动转向灯开关，向外界发出转向信息。左转弯后，转向灯开关随转向盘的回正而自动回正；汽车向左变道转向盘回正后，转向灯开关一般不能自动回正，此时需手动向上点拨转向灯开关，转向灯开关才能回正。汽车右转弯或向右变道，需向上拨动转向灯开关。右转弯后，转向灯开关随转向盘的回正而自动回正；汽车向右变道转向盘回正后，转向灯开关一般不能自动回正，此时需手动向下点拨转向灯开关，转向灯开关才能回正。

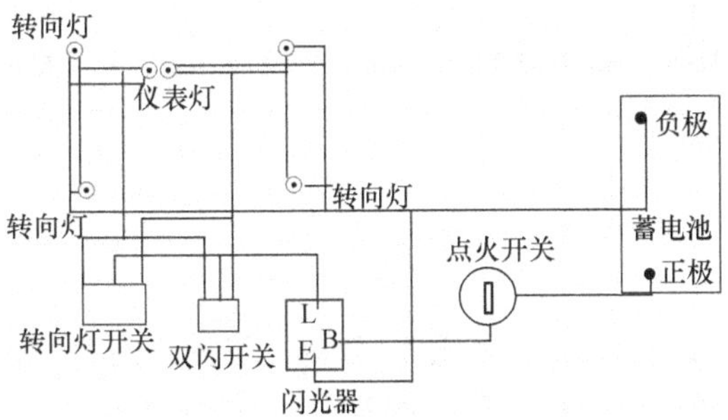

图 4-34　转向灯电路

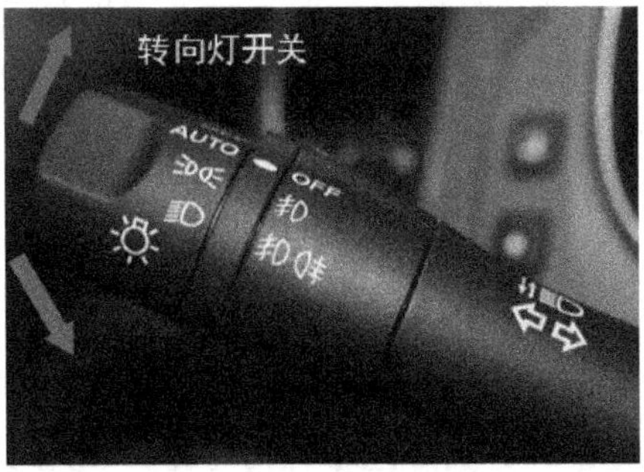

图 4-35　转向灯开关的使用

2. 危险警告灯开关的使用

当汽车出现危险或故障时，驾驶员可按下如图 4-36 所示的危险警告灯开关，此时转向信号灯闪烁。汽车车况回复后，再次点击危险警告灯开关，转向信号灯停止闪烁。

图 4-36　危险警告灯开关

（四）闪光器的工作原理

转向灯的闪烁是由闪光器来控制的，其作用是在汽车转弯（或变道）时，使转向灯发出明暗交替的闪烁光，向外界发出汽车的行驶趋向。电容式闪光器的工作原理如图 4-37 所示。转向灯开关闭合后，串联线圈和并联线圈通电产生电磁吸力，使活动触点迅速断开，转向灯不亮；活动触点断开后，电容充电，转向灯不亮；随着充电过程的进行，充电电流逐渐减小，电磁吸力减小，触点闭合。活动触点闭合后，转向灯亮。灭弧电阻的主要作用是保护活动触点在闭合和断开过程中产生电弧。

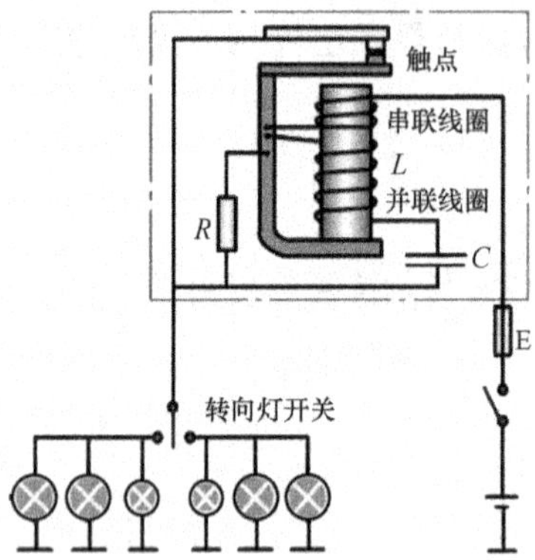

图 4-37　电容式闪光器的工作原理图

（五）汽车转向灯的分类

1. 按材料分类

（1）气体汽车转向灯

气体汽车转向灯使用的是气体，如卤素气体。气体汽车转向灯的技术比较成熟，价格低廉，不足之处是会产生辐射，灯泡里含有汞，外壳是玻璃材料，易破碎，导致环境污染。

（2）LED 汽车转向灯

LED 汽车转向灯使用的材料是 LED。LED 汽车转向灯无辐射，无污染，使用寿命长，理论使用寿命为 50000h，换句话说，汽车在报废前不需要更换灯泡。但是，其价格偏贵，所以，市场普及率还不高。在发达国家，已普遍使用 LED 汽车转向灯了，在国内还比较少。

2. 按底座分类说明

（1）P21W

P21W 的额定功率为 21W，灯泡直径为 26.5mm，总长为 52.5mm，也被称为 BA15S 或 1156。其灯泡形状为球形，常用于前转向灯或后转向灯，但多用于后转向灯。

（2）PY21W

PY21W 的额定功率为 21W，灯泡直径为 26.5mm，总长为 52.5mm，也被称为 BAU15S。其形状与 P21W 相似，只是两个触角成 150°，P21W 是 180°，常用于前转向灯或后转向灯，但多用于前转向灯。

（3）W21W

W21W 的额定功率为 21W，灯泡直径为 T20～T25，也被称为 7440，常用于前转向灯或后转向灯，多用于日系车型。

（4）P27W

P27W 的额定功率为 27W，灯泡直径为 T20～T25，也被称为 3156，可用于前转向灯或后转向灯。

（5）W5W

W5W 的额定功率为 5W，灯泡直径为 10.29mm，总长为 26.8mm，灯头表示为 W2.1×9.5d。W5W 可称为直插或扁插转向灯，灯泡形状为楔形，用于侧转向灯，

（6）H5W

H5W 的额定功率为 5W，灯泡直径为 9.0mm，总长为 33.0mm，灯头表示为 BA9s。其灯泡形状为球形，用于侧转向灯。

（六）转向灯工作不良

转向灯工作不良的故障原因分析如图 4-38 所示。

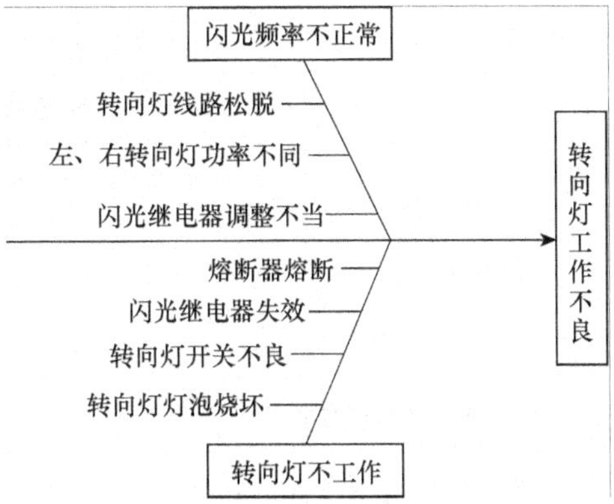

图 4-38　转向灯工作不良原因

（七）转向灯电路常见故障

转向灯电路常见故障有单边不亮、频率不当等。

1）单边不亮：说明电源电路到转向灯开关均正常，故障出在转向灯支路上（有断路），应检查灯丝有无烧断，灯泡是否接触不良，插接器是否接触不良。

2）转向灯不闪烁：故障原因为电源—闪光继电器—转向开关的电源线路中断，闪光继电器损坏和转向灯开关损坏，可将其重新接好、修理或更换。

3）左转向时闪光正常而右转向时闪光变快：原因为右转向灯功率小，右转向灯有一只灯泡坏或线路有接触不良处，可按规定安装或更换电池，使搭铁良好的。

4）右转向时，转向灯闪烁正常，但左转向时前面两前位灯均微弱发光：原因为左前位灯搭铁不良（采用双丝灯泡时），使搭铁良好即可。

5）接通转向灯开关，闪光继电器立即烧坏：转向灯开关至某一转向灯之间的线路中有短路搭铁处，找出搭铁处重新绝缘，故障排除。

专业知识拓展

（一）电喇叭

电喇叭发出声响，可引起行人和其他车辆的注意，保证行车安全，具有结构简单、维修方便、体积小、声音悦耳的优点。

1. 电喇叭的分类与型号

（1）电喇叭的分类

电喇叭有普通电喇叭和电子电喇叭两种，从外形上可分为螺旋形和盆形的普通电喇叭（在中小型汽车上多采用）。

（2）喇叭的型号

电喇叭的型号如图 4-39 所示。

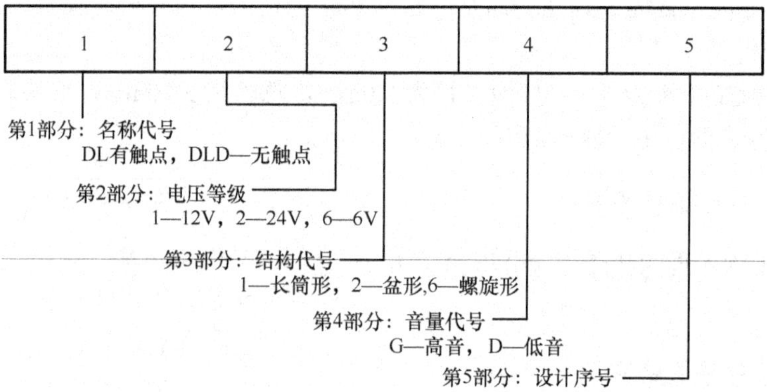

图 4-39　电喇叭的型号

2. 电喇叭的结构与工作原理

（1）盆形电喇叭的结构

盆形电喇叭的结构如图 4-40 所示。

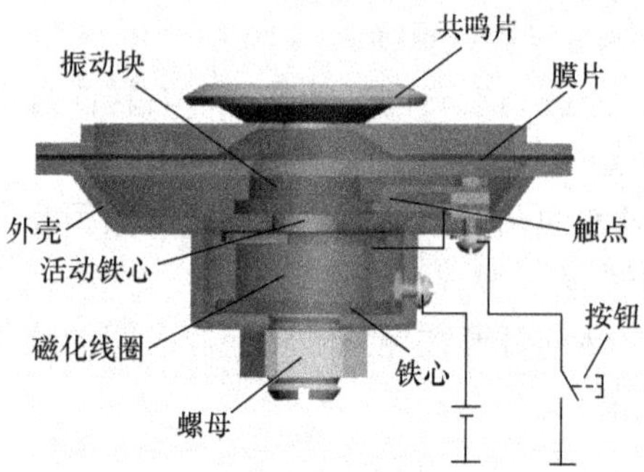

图 4-40　盆型电喇叭的结构

（2）盆形电喇叭的工作原理

如图 4-40 所示，当按下喇叭按钮时，喇叭线圈的供电电路为蓄电池正极→喇叭线圈→触点→喇叭按钮→搭铁→蓄电池负极。喇叭线圈通电后产生电磁吸力，吸动上铁心及衔铁下移，带动膜片向下变形，同时，衔铁下移将触点打开，线圈断电，电磁力消失，上铁心及衔铁在膜片弹力的带动下复位，触点再次闭合。重复周期开始，使膜片与共鸣板产生共鸣发声。

3. 电子电喇叭

由于普通电喇叭存在触点易烧蚀、氧化，故障率较高等缺陷。现生产轿车中已开始用无触点的电子电喇叭替代普通电喇叭。

电子电喇叭由多谐振荡电路、功率放大电路组成，利用晶体管控制电路来激励膜片振动产生声音。

电子电喇叭的工作原理：

如图 4-41 所示，VT_1、VT_2 和 C_1、C_2 及 R_1～R_8 组成多谐振荡电路。VT_3、VT_4、VT_5 组成功率放大电路。VD_2 向多谐振荡电路提供稳压电源，VD_1 有温度补偿作用，使振荡频率稳定，VD_3 防止电源反接，起保护作用。C_3 防止电磁波干扰。R_6 可用于调节喇叭的音量。

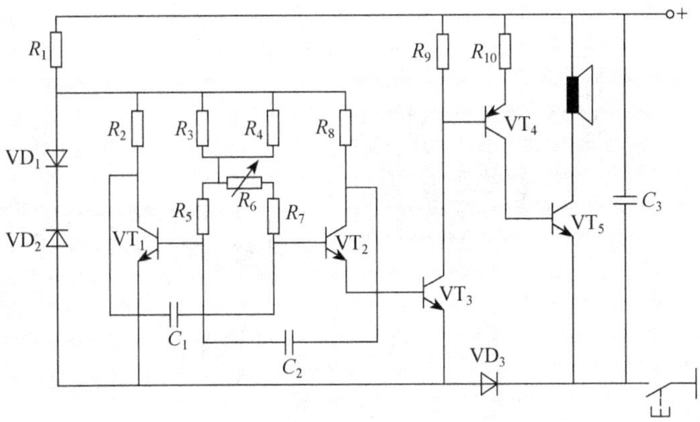

图 4-41　电子喇叭的电路

当按下喇叭按钮时，电路被通电，VT_1、VT_2 都有导通的可能。由于电路参数不可能完全一致，设在电路接通瞬间 VT_1 先导通，VT_1 的集电极电位先下降，则会产生如下正反馈过程：VT_1 的集电极电位下降经 C_1 使 VT_2 基极电位下降，引起 VT_2 的集电极电位上升，经 C_2 使 VT_1 基极电位升高，这样就使 VT_1 迅速饱和导通，而 VT_2 迅速截止，电路进入暂时稳态。同时，C_1 充电使 VT_2 的基极电位升高，当达到 VT_2 的导通电压时，VT_2 开始导通，电路又形成正反馈过程，使 VT_2 迅速导通，而 VT_1 迅速截止，电路进入新的暂时稳态。同时，C_2 充电又使 VT_1 的基极电位升高，使 VT_1 又导通，电路又产生一个正反馈过程，使 VT_1 迅速饱和导通，而 VT_2 迅速截止。周而复始，形成自激振荡。VT_2 截止时，VT_3 也截止，VT_4、VT_5 导通，喇叭线圈中有电流通过，产生电磁力吸动膜片，喇叭发出声响。

VT_2 导通时，VT_3 也导通，VT_4、VT_5 截止，喇叭线圈中无电流通过，膜片复位。

（二）喇叭继电器

为获得更加悦耳的声音，汽车上常多装有两个不同调的喇叭，因其耗用的电流较大（15～20A），若用按钮直接控制，按钮容易烧坏，故常采用喇叭继电器控制，其结构与接线方法如图 4-42 所示。

喇叭继电器由一个磁化线圈和一对常开触点构成。当按下喇叭按钮时，喇叭继电器线圈通电产生电磁力，触点闭合，大电流通过触点臂、触点流入喇叭线圈，喇叭发声。由于喇叭继电器线圈的电阻较大，因此通过按钮的电流很小，故可起到保护按钮作用。

（三）电喇叭的调整

1. 电喇叭音调的调整

（1）音调调整原理

音调调整靠调整衔铁与铁心间的气隙来实现，气隙小时，膜片的振动频率高；气隙大时，膜片的振动频率低（即音调低）。气隙值一般为 0.7～1.5mm。喇叭音调调整原理如图 4-43 所示。

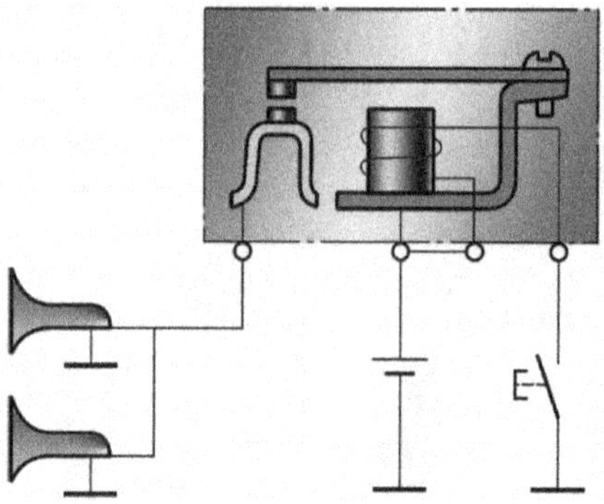

图 4-42　喇叭继电器

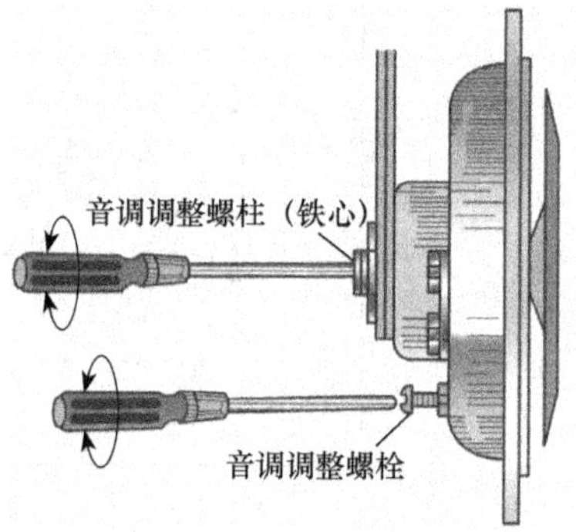

图 4-43　喇叭音调调整

（2）音调调整方法

松开锁紧螺母，转动下铁心，使上、下铁心间的间隙调至合适量，拧紧锁紧螺母即可。

2. 电喇叭音量的调整

（1）音量的调整原理

音量调整靠喇叭内触点顶压力（即控制喇叭线圈的电流大小）来实现，触点的接触压力增大时，喇叭的音量则变大，反之音量变小。

（2）音量调整方法

旋转音量调节螺钉，逆时针方向转动时，触点压力增大，音量增大；顺时针方向转动时，触点压力减小，音量减小。

案例分析

故障现象：一辆丰田卡罗拉轿车行驶 46000km，拨动转向灯开关时，转向灯常亮，不闪烁。

故障诊断：

1. 维修方案

根据故障现象，维修人员制定了维修方案，详细内容如下：

1）检查灯光闪烁器是否存在故障。

2）检查转向灯电路是否存在短路。

2. 故障检测和故障维修

根据维修方案，维修员对故障进行了检测和维修。通过更换灯光闪烁器对故障进行检测，发现拨动转向开关后，转向灯闪烁，那么故障点就位于此处了。

故障原因：转向灯常亮，是因为闪烁器失效引起的，具体原因有以下 3 种。

1）闪烁器被短路，电流直接流向转向灯，引起转向灯常亮。

2）闪烁器内固定触点和活动触点粘结，转向灯电流不能被断开，导致转向灯常亮。

3）闪烁器内电容失效，电池不能对电容进行充电，并联线圈没有电流，磁场过小，不能吸开活动触点，导致活动触点与固定触点一直处于结合状态，出现转向灯常亮的现象。

故障修复：更换灯光闪烁器。

课后任务

请根据所学内容进行科学合理的汽车配件与维修设备调查，并完成表 4-3。

表 4-3 配件与维修设备调查表

配件名称	型号	适用车型	价格	信息来源
转向灯总成				
转向灯灯泡				
转向灯开关				
转向灯继电器				
侧转向灯总成				
低音电喇叭				
高音电喇叭				
电喇叭继电器				
喇叭按钮				

学习任务五　雨刮系统故障的检修

任务要求

完成本学习任务后，应该能够：

1）正确完成企业维修接待任务。

2）正确描述汽车雨刮系统的组成和工作原理。

3）正确描述汽车雨刮系统各部件的结构特点和作用。

4）正确识别雨刮系统的常见故障，并完成检修作业。

5）正确完成企业标准验收任务，评价和反馈工作过程，完成任务工单。

情景导入

一辆丰田卡罗拉轿车行驶总里程 10 万千米，在一次雨天外出旅游行驶过程中，车主发现刮水器刮水不干净。

学习过程

1）完成维修接待，提高客户的满意度。

2）收集信息，学习相关能力的知识，了解故障可能产生原因。

3）制订工作计划，并进行决策执行，确定使用仪器设备、工具、量具，并对小组进行合理分工，制订详细、科学且易于操作的工作方案。

4）根据实际车辆情况，小组完成工作计划每个步骤的落实与改进工作方案。

5）完成交车与讲解维修作业工作，提升技能综合能力。

6）展示学习成果，提升学习自信心。

7）评价与反思，建立健全的学习机制，养成良好的职业素养。

学习咨询

（一）雨刮系统

如图 5-1 所示，雨刮系统主要由刮水器系统与喷水器系统组成。刮水器通过刮去前后风窗玻璃上的雨水或灰尘，以确保驾驶员的视野。风窗玻璃喷水器喷射喷洗液除去灰尘或油，这是仅用刮水器无法除去的。

刮水器的功能：

➢ 速度功能：刮水器速度在高与低之间切换。

➢ 间歇功能：以低速间歇性地操作刮水器。还有一种类型可分几挡调整间歇时间。

➢ 除雾功能：打开开关一次，刮水器动作一次。

➢ 自动停止功能：在操作期间，不管刮水器位置在哪里，关掉开关会使刮水开，就会自动操作喷水器。

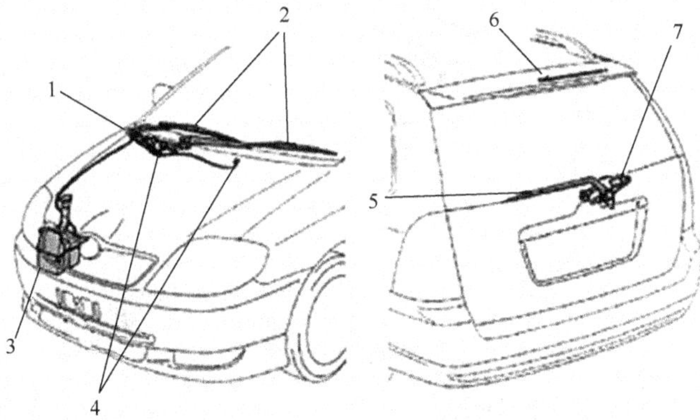

图 5-1　刮水器和喷水器

1—前刮水器电动机和连杆；2—前刮水器臂和刮片总成；3—喷洗液储存罐；4—前喷水器喷嘴
5—后刮水器臂和刮片总成；6—后喷水器喷嘴；7—后刮水器电动机

1. 刮水器

刮水器系统由刮水器开关、刮水器电动机、刮水器连杆、刮水器臂和刮片组成，如图 5-2 所示。

1）刮水器开关：打开/关闭刮水器并改变它们的速度。

2）刮水器电动机：产生动力以使刮水器运行。

3）刮水器连杆：将刮水器电动机的旋转运动转换成往复运动并且使左右两边的刮水器动作协调。

4）刮水器臂：除了给刮片传递动力外，还给刮片施加一个恒定不变的力使其压紧在风窗玻璃表面。

5）刮水器刮片：这是用来擦拭玻璃的部分。刮片上的橡胶塞必须定时更换。

2. 喷水器

喷水器系统如图 5-3 所示，风窗玻璃喷水器系统由喷洗液储存罐、喷洗器电动机、软管、喷水器喷嘴和喷洗液构成。

1）喷水器储存罐：储存喷洗液。

2）喷水器电动机：一个小型电动机，可以泵出喷洗液并通过喷水器喷嘴喷出液体。一般地讲，它安装在喷水器储存罐的下面。

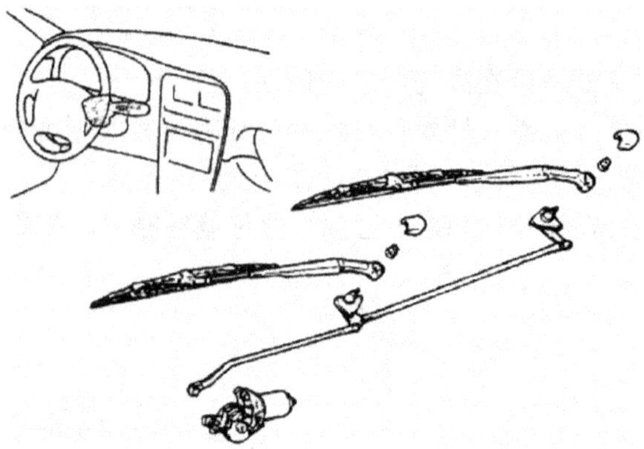

图 5-2　刮水器系统

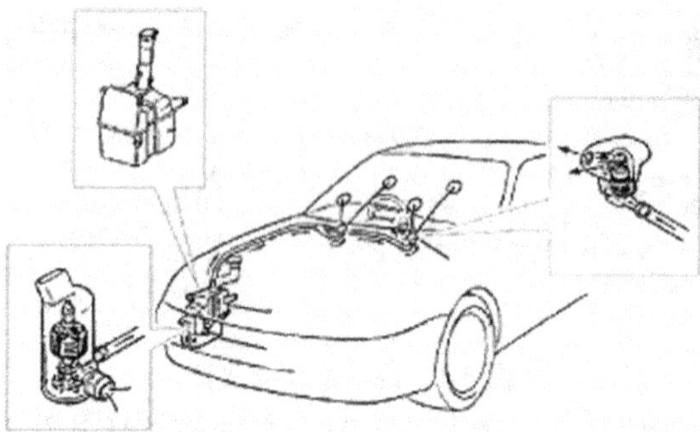

图 5-3　喷水器系统

3）软管：从储存罐传送喷洗液到喷嘴。

4）喷水器喷嘴：喷射喷洗液的喷管。它包含可以防止液体回流到储存罐的一个阻止阀。喷嘴的喷射角度可以改变。

5）喷洗液：可去除风窗玻璃上的污垢的一种液体。当玻璃表面干燥时，这种液体有助于保护刮水器的橡胶刮片和玻璃表面以防损伤。在冬天，使用低凝点的液体以防止液体凝固。

3. 雨刮系统试验判定方法

为了方便非专业维修人员对雨刮系统有一个比较清楚而又明了的了解，下面介绍如何通过简单的检测方法对其进行维护与维修。

（1）刮净度试验

试验前需将玻璃及刮片刃口上的尘土及异物清除，打开刮水器开关，喷水检查刮刷效果，检查方法为：刮刷停止工作 4s 后，玻璃上没有影响视野的水痕。

（2）雨刮系统工作音试验

起动发动机，抬起组合开关手柄，刮水器喷水工作，同时将刮水器电动机置于高速挡，此时雨刮系统工作，应无断续的、不规则的、突发性的声音，如咔咔声、哐啷声等。

（3）刮刷的可维修性拆装试验

1）将刮臂向后抬起至自锁位置，此时刮臂应能保持自锁，需在外力的作用下才能回到工作位置。

2）将刮臂抬起至自锁位置，刮刷与刮臂挂钩的装配及拆卸工作应在不借助工具的条件下轻松完成。

专业知识拓展

（一）刮刷组件的维护方法

1）风窗玻璃上有灰尘或异物，在使用刮水器前用抹布将玻璃及刮刷刃口清擦干净，不得直接使用，以避免异物或灰尘对胶条刃口造成损伤。

2）定期用抹布沾水对胶条刃口进行清擦（每周一次）。

3）对于已使用了半年以上的刮水器，胶条刃口因附着油污、灰尘等异物变硬，可使用酒精对胶条刃口进行清洗，清洗完后确认胶条已变柔软，启动雨刮系统确认刮拭效果。

4）对于已使用一年半以上的刮水器，请按维修方法3）进行处理，处理完后确认刮拭效果，效果仍不满意则更换新刮刷。

（二）刮刷跳动的维护方法

1）将玻璃及刮刷胶条刃口部位用清洗剂清洗干净，起动雨刮系统观察刮刷是否跳动。

2）检查刮臂在初始位置及极限位置的攻击角。初始位置攻击角顺时针偏移 1°～7°，极限位置攻击角逆时针偏移 1°～7°。如果攻击角不在该范围内，则用活动扳手卡住刮水器连杆 U 形钩处扭转连杆，使其攻击角满足要求。起动雨刮系统，确认刮拭效果。如果刮刷依然跳动则更换新的刮刷。

（三）风窗刮水器与洗涤装置的故障检修

1．风窗刮水器的故障检修

在对风窗刮水器系统的故障进行检修之前，首先要确定是电路故障还是机械故障。最简单的方法是从电动机上拆下连接刮片的机械臂。接通刮水器系统，观察电动机的运行。如果电动机工作正常，则是机械问题。

2．风窗刮水器系统常见的故障

风窗刮水器系统常见的故障主要有刮水器不工作、间断性工作、持续操作不停及刮片不能复位等。

下面以桑塔纳轿车为例，分析风窗刮水器系统的故障诊断方法。

（1）刮水器不工作

如果刮水器在所有挡位都不工作，按照雨刮系统常见故障模式的诊断和维修方法进行检查。

（2）刮水器速度比正常慢或转动无力

电气或机械故障均能引起刮水器速度比正常慢。

大多数导致刮水器动作慢的电路故障是由于接触电阻大而引起的。如果故障表现为所有的速度挡都慢，应检查电源到刮水器开关之间的电路，主要是中间继电器、熔丝和刮水器开关连接线端子插接是否牢固可靠。电源供电电路正常，则应检查刮水器开关中有无接触不良的现象。

如果电源供电路正常，则应检查刮水器电动机的搭铁回路是否正常，其方法是：将电压表的正表笔接电动机的搭铁端（或电动机壳体），负表笔接电池负极，电压降不应超过 0.1V，则应修复电动机搭铁回路。

最后检查电动机轴承和涡轮组的润滑情况。

（3）间歇刮水系统不正常

如果刮水系统只是在间歇挡位工作不正常，首先应检查间歇继电器的搭铁是否良好。如果搭铁正常，则利用欧姆表检查继电器到刮水器开关之间的电路。如果连接线路良好，则应更换间歇继电器。

（4）刮水器不能复位

造成刮水器不能复位的故障可能是复位开关的原因，也可能是刮水器开关内接触片变形所致。最常见的是与复位开关有关的故障：当开关断开时，刮水器就停在该位置，这时首先要拆下电动机端盖，接通刮水器开关，观察复位开关的工作情况。当关闭刮水器开关时，复位开关应能使其常闭触点闭合，否则应更换复位开关。

案例分析

案　例　1

一辆奔驰轿车，车主反映该车的刮水器间歇挡动一次以后不再持续工作（即无间歇挡工作），其他挡位均正常。这款车刮水器控制模式是通过开关信号控制继电器，以及通过控制单元之间的 CAN-BUS 网络信号传输进行综合控制。经维修厂确认造成间歇挡失效的可能原因有：组合开关间歇挡开关损坏，组合开关控制单元 N80 损坏，SAM（FL）损坏，刮水器继电器（1、2 挡）损坏，雨滴传感器及其线路有故障，以及车顶面板控制模块故障。用故障诊断仪对 SAM（FL）和车顶面板控制模块进行检查，均未发现故障码。同时 LO 和 HI 挡都工作正常，根据雨刮系统工作原理进行分析，造成故障的原因可能发生在车顶面板板控制模块或雨滴传感器及其线路上。经询问用户后，得知该车在前不久因前风窗玻璃出现裂纹更换了前风窗玻璃。在没更换之前，刮水器每个挡位均工作正常，但在更换前风窗玻璃之后车主一直没有用过刮水器的间歇挡，不久前遇到雨天用间歇挡才发现上述故障。

案　例　2

一辆行驶里程约 8 万千米，2010 年大众朗逸 1.6 轿车。车主反映：该车行驶中刮水器有时不工作，将控制开关置于高速挡后，才恢复正常，这种情形已出现过多次。维修人员经过检查分析认为，刮水器停止开关为控制器提供复位信号，针对这点，维修人员脱开刮水器控制单元的其中一个插接器，用导线将另一插接器侧的各端子连接，使试验中断开其中的某个线路成为可能。打开点火开关，将刮水器开关置于间歇挡，此时刮水器工作。然后断开插接器端子的连接线，此时刮水器的工作状态立刻由间歇变成了连续，证实了停止开关就是刮水器电动机内用来识别摇臂位置的复位信号。由此可知，若控制单元长时间收不到复位信号，刮水器便会停止运转。最后更换刮水器电动机，排除故障。

课后任务

请根据所学内容进行科学合理的汽车配件与维修设备调查，并完成表5-1。

表5-1　雨刮系统维修配件统计表

配件名称	型号	适用车型	价格	信息来源
刮水器电动机				
刮水器传动副				
刮水器开关				
刮水器继电器				
刮水器刮片				
风窗玻璃				
洗涤器电动机				
洗涤液储存罐				
刮水器				

学习任务六　仪表工作不良故障的检修

任务要求

完成本学习任务后，应该能够：

1）正确完成企业维修接待任务。

2）正确描述汽车仪表系统的组成和各部件工作原理。

3）正确对汽车仪表系统进行维护。

4）正确识别仪表系统的常见故障，并完成检修作业。

5）正确完成企业标准验收任务，评价和反馈工作过程，完成任务工单。

情景导入

一辆桑塔纳轿车行驶总里程 10 万千米，车主及时发现冷却液不足，报警灯不亮，请求维修厂进行维修。

学习过程

1）完成维修接待，提高客户的满意度。

2）收集信息，学习相关能力的知识，了解故障可能产生原因。

3）制订工作计划，并进行决策执行，确定使用仪器设备、工具、量具，并对小组进行合理分工，制订详细、科学且易于操作的工作方案。

4）根据实际车辆情况，小组完成工作计划每个步骤的落实与改进工作方案。

5）完成交车与讲解维修作业工作，提升技能综合能力。

6）展示学习成果，提升学习自信心。

7）评价与反思，建立健全的学习机制，养成良好的职业素养。

学习咨询

（一）组合仪表

组合仪表由一些可以独立工作的仪表、指示灯等组合而成，如燃油表、冷却液存量表、冷却液温度表、发动机转速表、车速里程表、机油压力表和机油温度表等。这些仪表可以单独维修或更换，各仪表信号线直接与传感器相连，如图 6-1 所示。

1. 燃油表

燃油表用来指示油箱内储存油量的多少，和装在油箱内的传感器一起完成指示工作。燃油表有电磁式、电热式和动磁式 3 种，传感器则采用可变电阻式。下面以电磁式燃油表为例，说明汽车燃油表的工作原理。

电磁式燃油表的基本结构如图 6-2 所示。燃油表中有两个绕在铁心上的线圈，中间有转子，转子连有指针，传感器由可变电阻、滑杆和浮子组成，浮子浮在油面上，随油面的高低而改变位置。

图 6-1　组合仪表

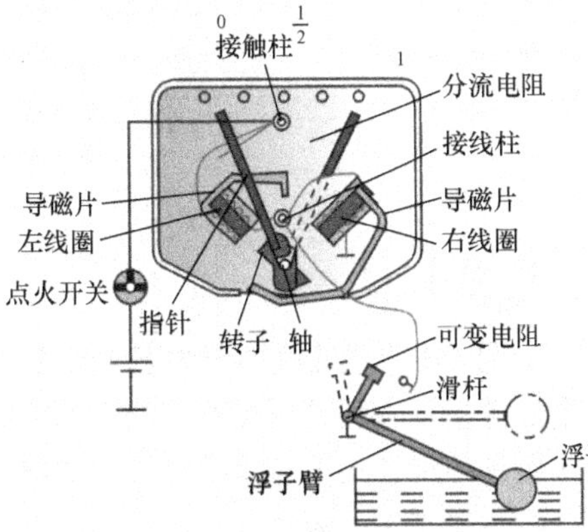

图 6-2　电磁式燃油表基本结构

当油箱内没有燃油时，浮子下降，电阻被短路，此时右线圈也被短路，通过其中的电流为零，不显示磁性，而左线圈在全部电源电压的作用下，通过其中的电流产生磁场，吸引转子，使指针在零位。

随着油箱中油量的增加，浮子上升，电阻部分接入，这时一部分电阻与右线圈并联，同时又与左线圈串联，其电路电流分成两条支路：蓄电池正极→点火开关→左线圈→电阻→搭铁→蓄电池负极；蓄电池正极→点火开关→右线圈→搭铁→蓄电池负极。此时左线圈由于串联了电阻，电流减小，磁场减弱，而右线圈中有电流通过产生磁场。转子处于两个磁场的共同作用下，向右偏移，指针指示出油箱中的油量。

当油箱中装满油时，浮子带着滑片移到电阻的最左端，电阻全部接入电路中。此时左线圈中的电流更小，磁场更弱，而右线圈中的电流增大，磁场加强，转子便带动指针向右偏移，停在满油位置。

2. 冷却液温度表

冷却液温度表的电路工作原理如图 6-3 所示。首先将点火开关转到 ON 位置，使其触点闭合，于是稳压电源就有了 10V 输出电压。这时，冷却液温度表电路电流流向为稳压电源正极→冷却液温度表加热线圈→冷却液温度表传感器热敏电阻→稳压电源负极。当发动机冷却液温度升高时，冷却液温度表传感器中的热敏电阻值就相应减小，因此流经冷却液温度表中的工作电流增大，使冷却液温度表中的双金属片变形加大，推动冷却液温度表指针向温度高的方向转动。当冷却液温度下降时，冷却液温度表指针向温度低的方向转动。所以冷却液温度表指示的温度就是发动机冷却液的温度。

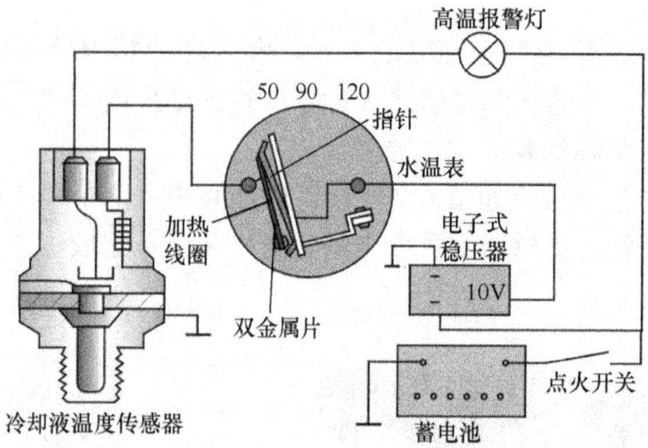

图 6-3　冷却温度表的工作原理

3. 机油压力表

如图 6-4 所示的机油压力表，其作用是在发动机运转时，指示发动机机油压力的大小，它由油压指示表和油压传感器两大部分组成，两者用导线相连接。指示表装在仪表板上，其作用是使指针的偏转角随电路中的电流的大小不同而改变，以指示出油压大小；传感器配合指示表工作，装在发动机主油道上或粗滤器壳上，承受油压，使电路中的电流随油压的改变而改变。机油压力表有电热式和电磁式两种，后者应用较多。

机油压力表的正常指示值是：发动机低速运转时，压力最低不小于 150kPa，正常压力一般应在 200～400kPa，最高压力不应超过 500kPa。

电磁式油压表的结构与电路如图 6-5 所示。油压传感器是利用油压大小推动滑臂来改变可变电阻阻值的，当压力增大时，其电阻值减小。油压指示表中有两个正十字交叉线圈，中间放置永久磁铁转子，转子上连有指针。

图 6-4　机油压力表

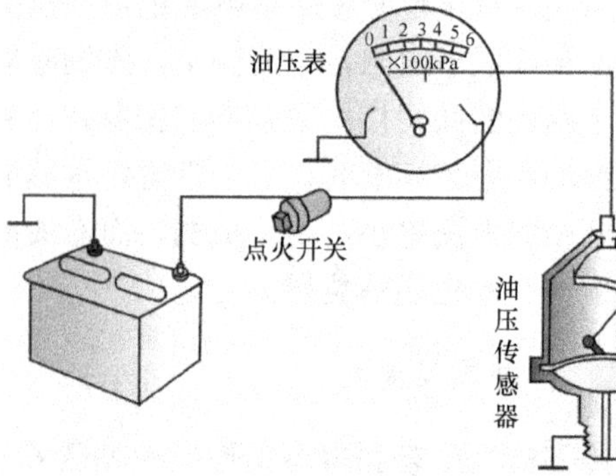

图 6-5　电磁式油压表的结构与电路

当油压较低时，传感器中的电阻值增大，右线圈中的电流相对减小，左线圈中的电流相对增大，转子转向合成磁场方向，带动指针指向较低油压值。当油压升高时，传感器中的电阻值减小，右线圈中的电流相对增大，而左线圈中的电流相对减小，转子朝合成磁场方向转动，使指针指向较高值。

4. 发动机转速表

如图 6-6 所示，发动机转速表是用来测量发动机曲轴转速的。转速表按结构可以分为机械式和电子式。现代汽车应用最广泛的是电子式转速表。电子式转速表按转速信号的获取方式不同可分为从点火系统获取信号的转速表、测取飞轮（或正时齿轮）转速的转速表和从发电机上获取转速信号的转速表。例如，桑塔纳、帕萨特等汽车从点火系统中获取发动机的转速信号，奥迪汽车则飞轮上获取。

如图 6-7 所示为利用电容充放电的脉冲式电子转速表原理图，其信号取自点火系统初级电路。当发动机工作时，分电器触点不断开闭，其开闭的次数与发动机的转速成正比。当触点闭合时，晶体管 VT_1 无偏压而处于截止状态。电容 C_2 被充电，电流流向为蓄电池“+”→电阻 R_3→电容器 C_2→二极管 VD_2→蓄电池“−”。

图 6-6　发动机转速表

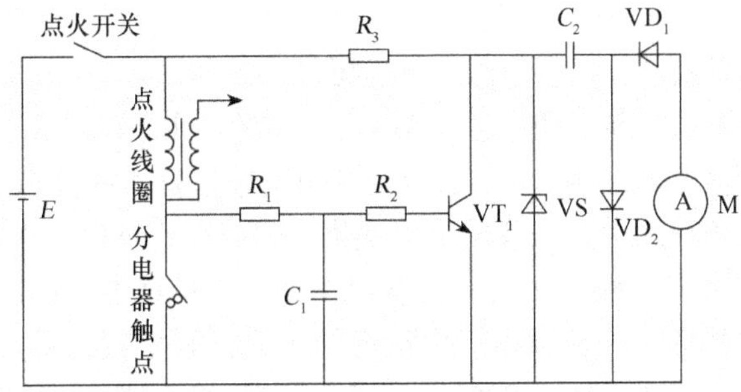

图 6-7　发动机转速表的工作原理图

当触点分开时，晶体管 VT_1 的基极电位接近蓄电池正极而导通，此时电容 C_2 便通过晶体管 VT_1，转速表测量机构 M（毫安表）和二极管 VD_1 构成放电电路，从而驱动转速表测量机构。

发动机转速表指针示值乘以 1000 表示发动机转速。通过查看转速表，驾驶员能够正确选择换挡时机，防止发动机超速运转。转速表上都标有红色危险区，发动机转速一般不得越过危险标线，否则会造成发动机早期损坏。

5. 车速里程表

车速里程表用来指示汽车行驶速度和汽车累计行驶总里程，由车速表和进程表两部分组成，可分为机械式车速里程表、电子式车速里程表和数字式车速里程表。

（1）机械式车速里程表

常见的机械式车速里程表是利用磁感应原理计算里程的，如图 6-8 所示。

机械式车速里程表没有电路连接，而是由汽车的变速器或分动器接软轴驱动仪表的主动轴。汽车行驶时，主动轴带动 U 形永久磁铁旋转，在感应罩上产生涡流，涡流受永久磁铁的作用产生转矩，驱动感应罩克服盘形弹簧的弹力做同向偏转，从而带动指针在刻度盘上指示相应的车速值。车速越快，永久磁铁旋转越快，感应罩上的涡流转矩越大，

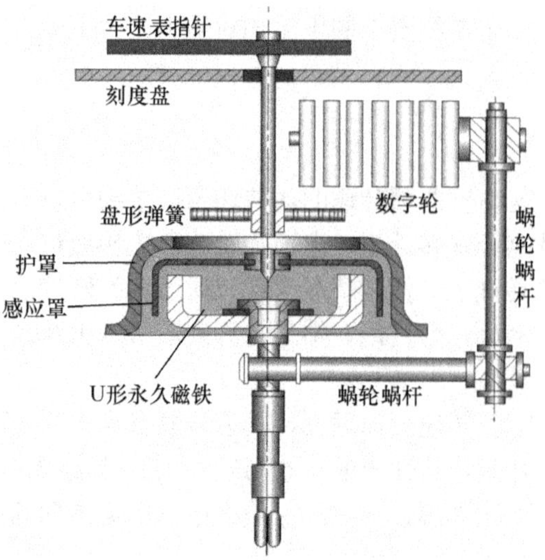

图 6-8　机械式车速里程表

感应罩带着指针偏转的角度越大，指示的车速值也就越高。

里程表主动轴的旋转还带动三套蜗杆按一定传动比传动，从而逐级带动计数轮转动，计数器为十进制。里程表计数轮每转一圈，相邻的左边计数轮就自动加 1，从右向左依次为 1/10km、1km、10km 等，以此类推。汽车停车后，永久磁铁及蜗轮蜗杆均停止转动，感应罩上的涡流转矩消失，在盘形弹簧作用下，使转速表指针回零，同时，里程表也停止计数。车速里程表的数值直接受车轮半径的影响，不同车轮半径的车速里程表不能相互换用。

（2）电子式车速里程表

电子式车速里程表是一个带有通电线圈的指针机构，在恒定磁场下受磁场力的作用。当汽车以不同车速行驶时，在车速里程表传感器上就产生一个不同频率的脉冲信号，如图 6-9 所示，B 端送到单稳态触发电路，用以控制恒流源的输出，从而改变了车速里程表指针机构中的线圈电流，于是它在恒定磁场中受到的作用力大小就发生了变化，因而车速里程表指针就指示出相对应的行驶车速。

带有里程小计的车速里程表是一个步进电动机，通过减速齿轮驱动两个鼓形机械十进位计数器，其中小计里程表用于日行驶里程记录，只能记录到 999.9km，而车速里程表累计记录可达 999999km。汽车行驶速度不同时，B 端的脉冲信号频率不同，经 64 分频电路给步进电动机的电源信号也不同，使其旋转速度及里程积累速度也不同。小计里程表可以随时清零。

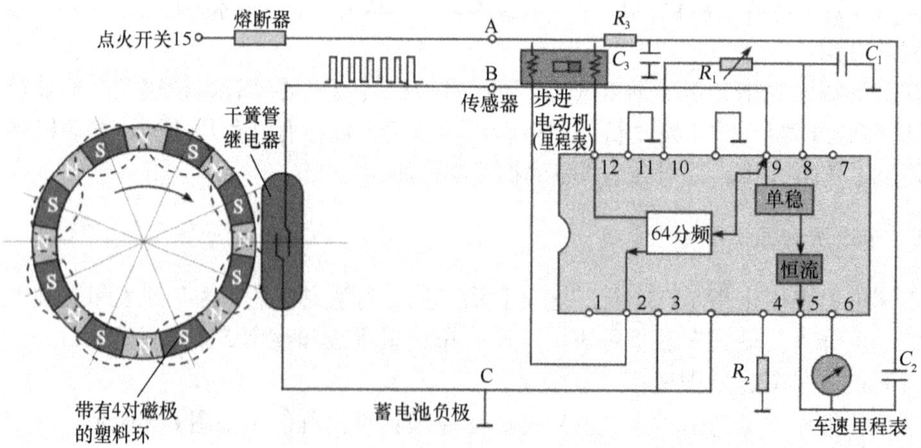

图 6-9　电子式车速里程表

（3）数字式车速里程表

如图 6-10 所示的新型车速表，有很多使用的是数字式车速里程表。数字式车速里程表是数字式组合仪表的一部分。从车速传感器发出，经过车速传感器缓冲器的车速信号频率与车速有关。组合仪表中的微处理器把车速信号转变为车速和里程供车速表和里程表显示。里程数据存放在非挥发存储器中，存储器不需供电也能保存信息。驾驶员可以通过车速表和里程表直接读出相关数据。

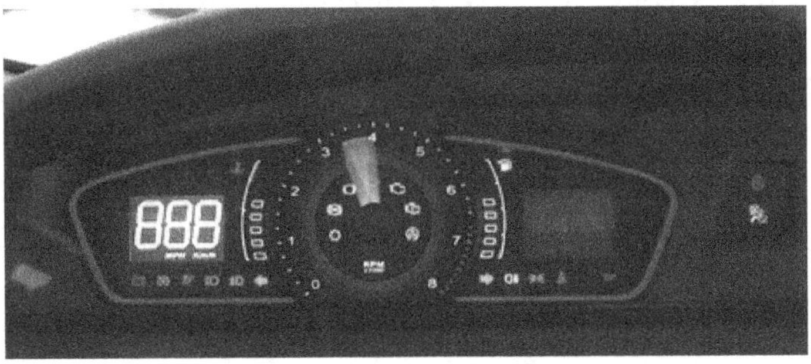

图 6-10　数字式车速里程表

（二）汽车报警装置

1. 汽车报警装置的作用与组成

为了警示汽车某系统处于不良或特殊状态，引起汽车驾驶员的注意，保证汽车可靠工作和安全行驶，防止事故发生，汽车仪表板上安装了多种报警装置。报警装置由报警灯、指示灯、开关组成。

指示灯与报警灯一般采用小功率灯泡（1～3.5W），也有采用发光二极管的（要加降压电阻）。报警灯在其所指示部位工作正常时是不亮的，只有某个部位工作不正常时，代表其工况的报警灯才亮，如果灯泡损坏了有时也会亮，为此在点火开关接通而不起动发动机的状态下可以检验大多数报警灯、指示灯的好坏。报警灯多采用红色，以示情况紧急，需要及时检修，如制动气压过低报警、充电系统不充电报警、发动机过热报警、机油压力过低报警等。

常见报警灯图形符号刻印在其表面，有些车还用英文字母表示，这些图形标志国际通用，形象、简明，一看便知它们的功能，如图 6-11 所示。

图 6-11　常见报警灯图形符号

2. 常见报警灯和报警开关的结构和工作原理

（1）机油压力报警装置

机油压力报警装置的报警开关一般装在主油道上。当机油压力低于一定值时，报警开关接通报警灯电路，警告灯点亮以提醒驾驶员注意。

图 6-12 所示为 EQ1090 车用弹簧管式机油压力报警灯电路。其传感器为盒式，内有一管形弹簧，一端与接头相连，另一端与动触点相连，静触点经接触片与接线柱相连，当机油压力低于 50kPa 时，管形弹簧变形很小，动触点和静触点闭合，电路接通，报警灯点亮；当机油压力高于 90kPa 时，管形弹簧变形较大，动触点和静触点分开，电路断开，报警灯熄灭。

膜片式机油压力报警灯传感器如图 6-13 所示，当机油压力低于一定值时，活动触点与固定触点闭合，可使报警灯电路接通，报警灯点亮。

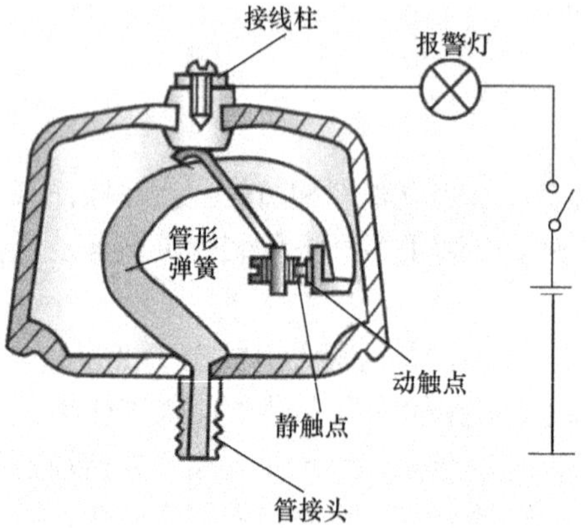

图 6-12 弹簧管式机油压力报警灯电路

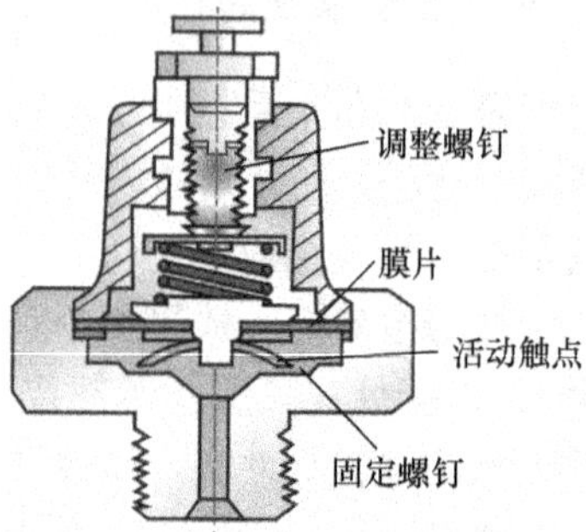

图 6-13 膜片式机油压力报警灯传感器

（2）制动信号灯断路警报装置

图 6-14 所示，在制动信号灯电路中接有两个线圈及舌簧开关，报警灯与舌簧开关串联，正常情况下踩下制动踏板，制动灯开关接通，电流分别流经两个线圈，左右制动灯点亮。由于此时两个线圈产生的电磁吸力方向相反而相互抵消，舌簧开关在自身弹力作用下保持断开；若有一个制动灯线路断路，则两个线圈中只有一个线圈有电流通过，此线圈产生的电磁吸力将使舌簧开关闭合，报警灯亮。

（3）制动液、发动机冷却液、风窗玻璃清洗液液面过低报警灯装置

液面过低报警装置适用于制动液、发动机冷却液、风窗玻璃清洗液等液面过低的报警，如图 6 -15 所示。外壳的外面套装着浮子，浮子上固定有永久磁铁，外壳内部装有舌簧开关，舌簧开关的两个接线柱与报警灯和电源相连。当液面在规定值以上时，浮子浮在靠上的位置，永久磁铁的吸力不足，舌簧开关在自身的弹力作用下保持断开的状态；当制动液面下降到一定值时，浮子位置下降，舌簧开关在永久磁铁吸力作用下闭合，报警灯点亮。

（4）水温报警灯装置

水温报警灯的作用是当发动机冷却液温度高到一定程度时，报警灯自动点亮，以示警报。水温报警灯的通断由温度开关控制，其工作原理如图 6-16 所示。当冷却液温度低于 95℃时，

双金属片上的触点与固定触点保持分离状态，报警灯不亮；当冷却液温度高至98℃时，双金属片受热变形，向下弯曲程度变大，从而使两个触点接触，将报警灯电路接通，报警灯亮。

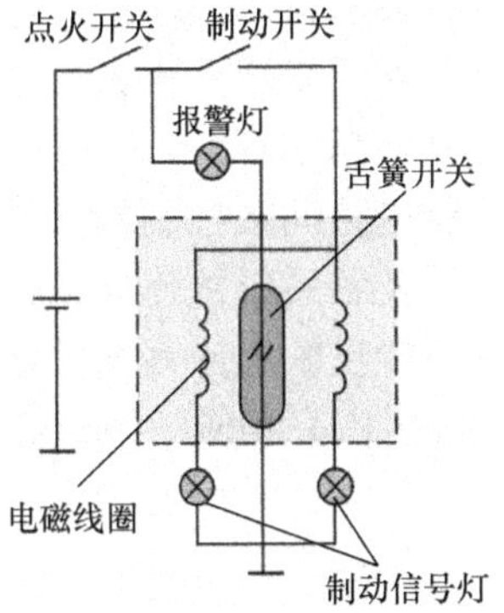

图 6-14 制动信号灯断路报警装置电路

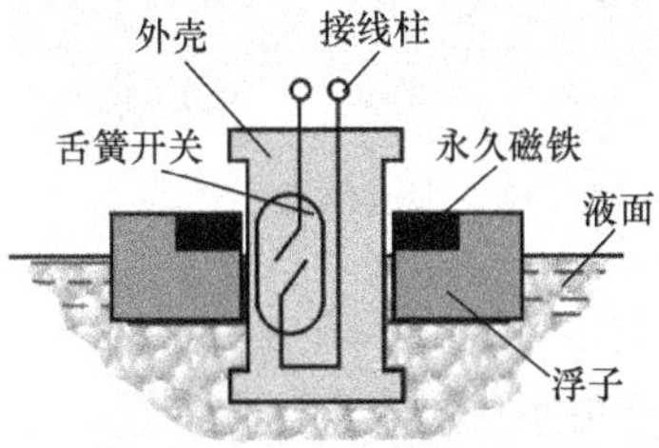

图 6-15 制动液面传感器

目前，有些车辆装有冷热指示灯，其工作原理如图 6-16 所示，指示灯的亮灭受双金属元件开关控制。当温度较低时，双金属元件将冷触点接通，使仪表板的绿灯亮，表示水温低，不宜行驶；随着发动机的运转，温度逐渐上升，双金属元件与冷触点脱开，处于冷热触点之间的某一位置。当温度过高时，双金属元件将热触点接通，使仪表板的红灯亮，以示冷却液温度过高。

（5）燃油油量报警灯装置

当油箱内油量减少到一定值时，燃油油量报警灯自动点亮，以提醒驾驶员注意，其工作原理如图 6-17 所示。该装置是由负温度系数的热敏电阻式燃油油量报警传感器和报警灯组成。

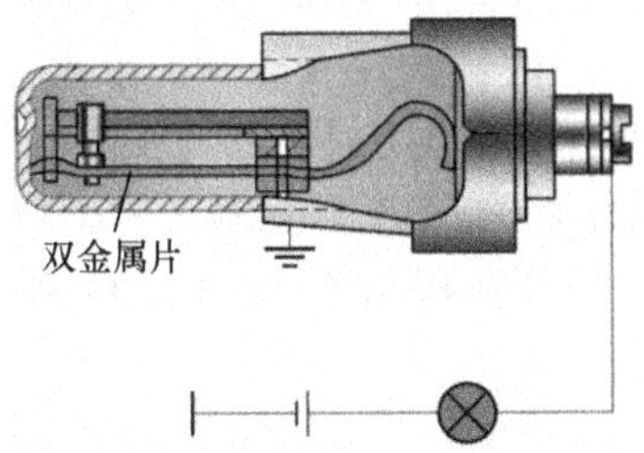

图 6-16 水温报警灯电路

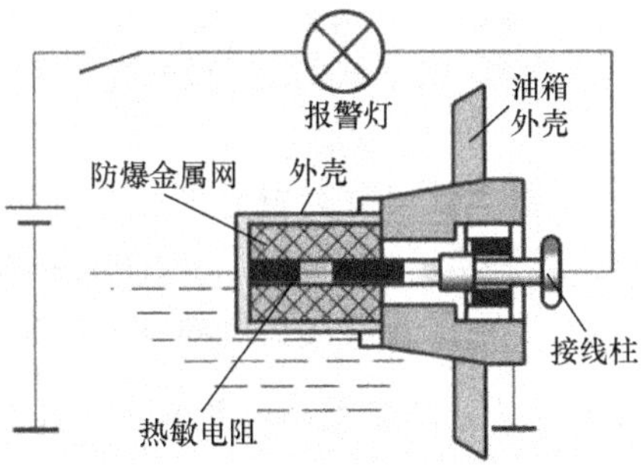

图 6-17 燃油油量报警灯电路

当油箱内油量较多时，热敏电阻元件浸没在燃油中，温度较低，电阻值较大，因此电路中电流很小，报警灯不亮；当燃油减少到规定值以下时，热敏电阻元件露出油面，温度较高，电阻值较小，因此电路中电流增大，报警灯点亮。

（三）集成仪表

在新款集成仪表内部全部装有大规模集成电路及微处理器，有的还集成了车载电脑、防盗电脑网相关数据总线等，如奥迪 A6、帕萨特 B5 等，如图 6-18 所示。各种仪表信

图 6-18　集成仪表

号通过数据总线直接与传感器相连，各种信号经微处理器运算处理后，由微处理器推动步进电动机来操纵指针式仪表，如发动机转速表、车速里程表、燃油表、冷却液温度表、指示灯等。有些指示灯也是由开关控制电路间接控制的，这样可以防止故障报警及各系统故障灯在信号线路出现故障时不能反映相应系统的状态，在线路断路时及时点亮相应的指示灯。

专业知识拓展

1. 汽车电子显示装置的作用、特点和分类

图 6-19 所示的显示装置通常是指安装在汽车仪表板的各种仪表、图形符号和报警装置。它们可以对汽车的许多工况进行检测，最多能同时检测几十个参数，并经 CPU 计算、处理成易于理解的智能化显示。当汽车出现不正常现象或通过自诊断系统测出有故障时，该系统会立即进行声光报警。

图 6-19　电子显示装置

电子显示装置的优点是能提供大量、复杂的信息，以满足小型、轻量化的要求，具有高精度和高可靠性和有一“表”多用的功能，它已逐步取代常规的指针式仪表。电子式汽车仪表主要包括各种传感器、开关和显示器（包括仪表测试系统）。

电子显示器大致可分为发光型和非发光型两类。发光型的显示器件主要有发光二极管（LED）、真空荧光管（VFD）、阴极射线管（CRT）、等离子显示器（PDP）等，非发光型的显示器件主要有液晶显示器件（LCD）和电致变色显示器件（ECD）等。

2. 常用电子显示装置的结构和工作原理

（1）汽车常用电子显示器件

1）发光二极管。发光二极管光的颜色有红、绿、黄、橙，可单独使用，也可用来组成数字。在实际应用中，常把它焊接到印制电路板上，以形成数字显示或带色光杆显示。图 6-20 所示为用 7 只发光二极管组成的数码显示装置。发光二极管只适用于汽车指示灯、数字符号段或点数不太多的光杆图形显示，不宜用于大型图形显示。

2）真空荧光管。真空荧光管是一种低压真空管，由玻璃、金属等材料构成。真空荧光显示是一种主动显示，其发光原理与电视机中的显像管相似。图 6-21 所示为汽车

用的数字式车速表的真空荧光显示屏，3 位数字。其阳极为 20 个字形笔画小段，上面涂有荧光体（或磷光体），各与一个接线柱相连接，笔画内部相互连接；其阴极为灯丝，在灯丝与笔画小段（阳极）之间插入栅格，其构造与一般电子管相似。整个装置密封在一个被抽成真空的玻璃罩内。

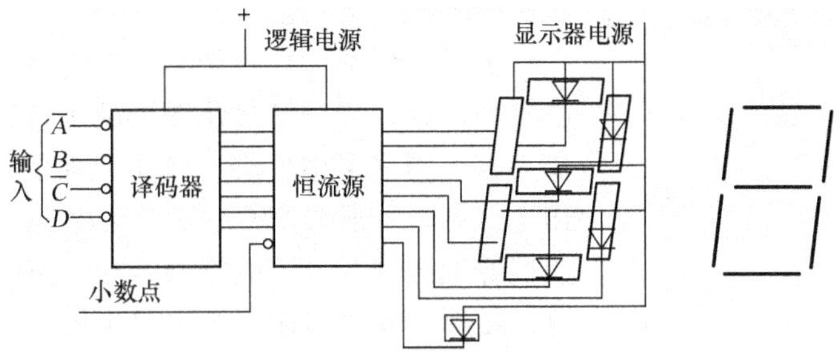

图 6-20　发光二极管数码显示

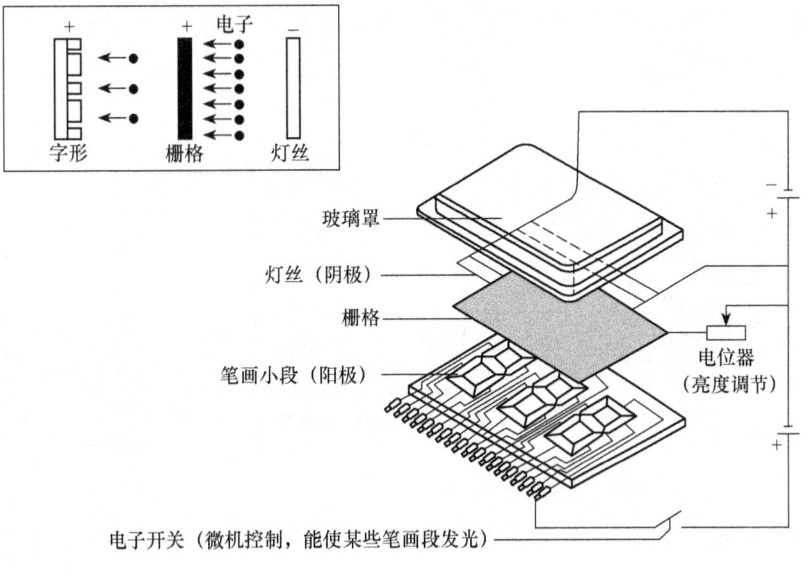

图 6-21　真空荧光显示屏

当其阳极（字形）接至电源正极，而阴极（灯丝）与电源负极相接时，便获得一定的电源电压，其灯丝作为阴极发射电子（在电场力的作用下），栅格便控制着电子流加热并加速，使其射向阳极（字形）。由于玻璃罩内抽成真空，前面装有平板玻璃，并配有滤色镜，故能使通过栅格轰击阳极（字形）的电子，激发出亮光来，因而能显示出所要看到的东西。

真空荧光管具有色彩鲜艳、可见度高、立体感强等特点，是最早引入汽车仪表中的发光型显示器件，也是目前汽车上采用最多的一种。但由于做成大型的、多功能的真空荧光管，成本较高，故现在大多由一些单功能小型的真空荧光管组成汽车电子式仪表盘。

3）液晶显示器。液晶显示器是一种新型的非发光型平板显示器件，其结构如图 6-22 所示。

它有两块厚约 1mm 的玻璃基板，在基板上涂有透明的导电材料，以形成电极图形，两

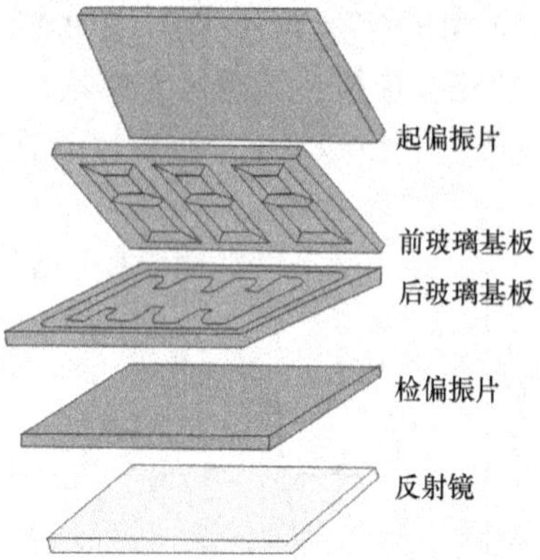

图 6-22 液晶显示器结构图

基板间注入 5～20μm 厚的液晶，再在两块玻璃基板的外表面分别贴上起偏振片和检偏振片，并将整个显示板完全密封，以防湿气和氧气侵入，这便构成了透射式液晶显示器。若在后玻璃基板的后面再加上反射镜，便组成反射—透射式液晶显示器。

液晶显示器的优点很多，其电极图形设计的自由度极高，设计成任意显示图形的工艺都很简单，这是作为汽车用显示器件的一个很重要的优点，而且其工作电压低，一般为 3V 左右，功耗小（$1\mu W/cm^2$），且能很好地与 CMOS 电路相匹配。正因为它有这些优点，液晶显示器常作为汽车电子钟和彩色光杆式仪表板在汽车上得到应用。

（2）电子显示装置的工作原理

图 6-23 所示的仪表显示的数据来自各系统的传感器，其电路与多路传输系统各 ECU 和仪表测量微机系统连接。仪表测量微机系统将各测量系统组合在一起，形成总的仪表测量系统。

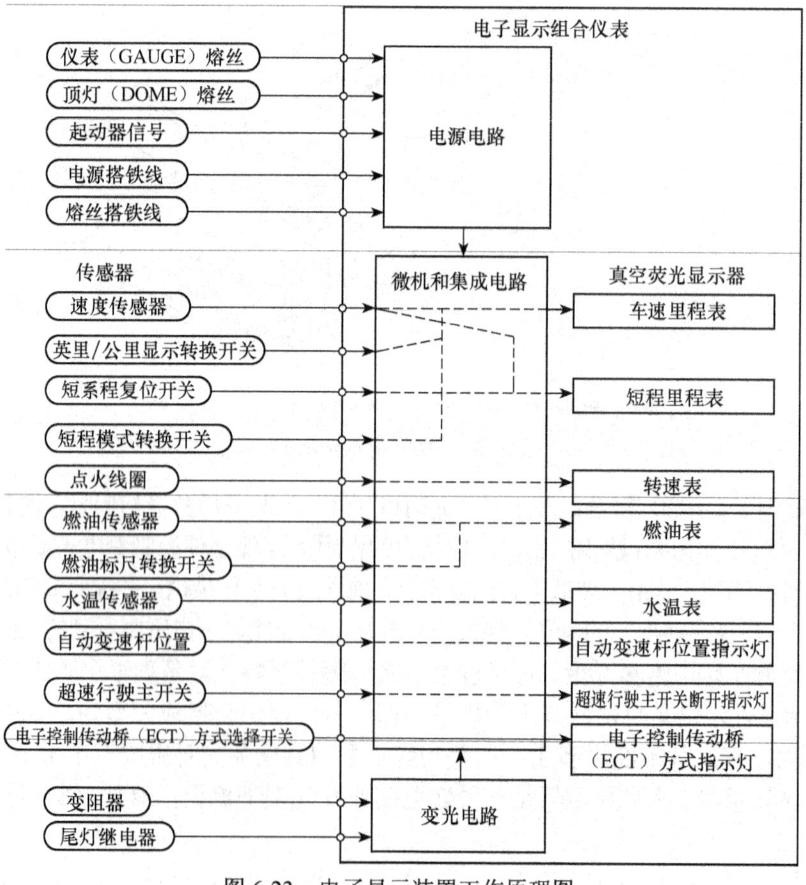

图 6-23 电子显示装置工作原理图

仪表测量微机系统包括 A/D 转换、多路传输、CPU、存储器及 I/O 接口等。测量时，各传感器的输出信号经 A/D 转换和多路传输输入微机信号处理系统，通过 I/O 接口与仪表板显示器相连，分时循回显示或同时在不同区域显示各种测量参数。

案例分析

案　例　1

故障原因：一辆桑塔纳轿车行驶总里程 10 万千米，车主及时发现冷却液不足报警灯不亮，请求维修厂进行维修。

故障诊断：

1）用数字式万用表检查发光二极管的技术状态。红色导线接二极管的正极，黑色导线接二极管的负极。此时要分清发光二极管的正负极。当通过正向 1.7V 的电压时，二极管应闪亮。

冷却液不足报警灯不亮故障的常见原因是冷却液不足指示器开关和冷却液不足指示控制器损坏。冷却液不足指示器开关安装在溢水壶上。

2）观察溢水壶上的凹沟有无积水。

3）拔下指示器开关上的导线插头，检查插座内有无积水。有积水，就会导致开关短路应当清除积水并更换指示器开关。

4）当发现冷却液不足指示器开关损坏时，应检查中央线路板 14 号位置的冷却液不足指示控制器有无氧化腐蚀，发现有腐蚀，应予更换。

故障原因：冷却液不足指示控制器氧化腐蚀。

故障修复：更换冷却液不足指示控制器。

案　例　2

一辆 2.4L 比亚迪 F6 轿车的组合仪表车速表不工作，没有车速显示。

故障诊断：F6 组合仪表车速表的信号是来自 4G69 发动机 ECU 对变速器输出轴位置传感器处理后的电信号。

参照其电路图进行分析，因输出轴位置传感器与输入轴位置传感器、A/T 挡位开关共用一根电源信号线，且车辆行驶基本正常，挡位显示正常，从而初步判断输出轴位置传感器电源是正常的。

故障可能原因是输出轴位置传感器功能失效，发动机 ECU 功能失效，组合仪表功能失效或相关连接线路故障。

1）着车路试，组合仪表车速里程表不指示，用诊断仪读取发动机 ECU 的数据流，有车速数据存在。

2）查看电路图进行分析，因 ECU 显示车速与实际基本行驶车速相符，排除输出轴位置传感器、发动机 ECU 及其相关连接线路的故障。

由此判断故障范围为组合仪表、组合仪表与发动机连接线路的故障。

3）测量仪表板线束与组合仪表插接器的 1 号针脚电压信号为 0V，从而确定发动机 ECU 至组合仪表间线路故障。

4）检查发动机 ECU 至组合仪表间线束插接器 J18 的 7 号端子线束松动，由此判断故障应该为该线束虚接或断路引起。

故障原因：发动机 ECU 至组合仪表间线束插接器 J18 的 7 号端子线束松动。

故障修复：对线束插接器端子进行修复并紧固。

课后任务

请根据所学内容进行科学合理的汽车配件与维修设备调查，并完成表 6-1。

表 6-1　仪表维修配件

配 件 名 称	型　　号	适 用 车 型	价　　格	信 息 来 源
组合仪表总成				
仪表线束				
水温传感器				
机油压力传感器				
燃油压力传感器				
车速传感器				

学习任务七　电动车窗故障的检修

任务要求

完成本学习任务后，应该能够：

1）正确完成企业维修接待任务。

2）正确描述汽车电动车窗的组成和工作原理。

3）正确描述汽车电动车窗各部件结构的特点和作用。

4）正确识别电动车窗的常见故障，并完成检修作业。

5）正确完成企业标准验收任务，评价和反馈工作过程，完成任务工单。

情景导入

一辆丰田卡罗拉轿车行驶总里程 11 万千米时，在一次外出旅游行驶过程中发现右侧电动车窗无法升降。

学习过程

1）完成维修接待，提高客户的满意度。

2）收集信息，学习相关能力的知识，了解故障可能产生原因。

3）制订工作计划，并进行决策执行，确定使用仪器设备、工具、量具，并对小组进行合理分工，制订详细、科学且易于操作的工作方案。

4）根据实际车辆情况，小组完成工作计划每个步骤的落实与改进工作方案。

5）完成交车与讲解维修作业工作，提升技能综合能力。

6）展示学习成果，提升学习自信心。

7）评价与反思，建立健全的学习机制，养成良好的职业素养。

学习咨询

（一）电动车窗的组成

为了方便驾驶员和乘客，减轻他们的劳动强度，许多轿车采用了电动车窗，又称自动门窗，利用电动机来驱动升降器使车窗上下移动。电动车窗可以使驾驶员或乘客在座位上控制窗玻璃自动上升或下降。

电动车窗控制系统主要由车窗、直流电动机、车窗玻璃升降器、开关（主控开关、分控开关）、继电器、断路器等装置组成。电动车窗的结构如图 7-1 所示。

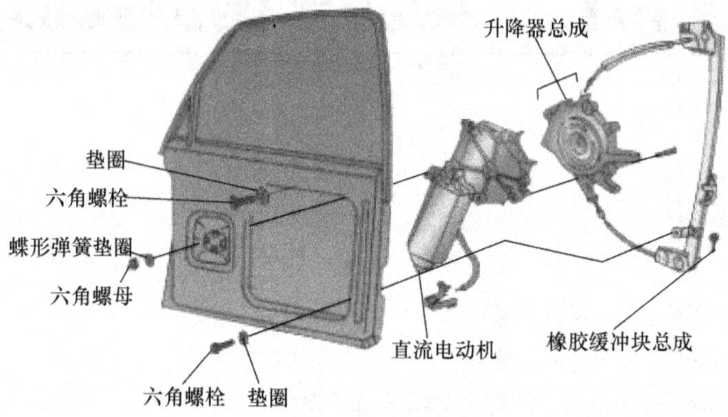

图 7-1　电动车窗的结构

1. 直流电动机

直流电动机有永磁式和双绕组式两种。每个车窗都装有一套升降机构，通过开关控制它的电流或磁场方向，使车窗玻璃上升或下降。

2. 车窗玻璃升降器

常见的车窗玻璃升降器有钢丝滚筒式和齿扇式两种。一种是用齿扇来实现转换作用，齿扇上有螺旋弹簧，当车窗上升时，弹簧伸展，放出电能，以减轻电动机的负荷，当车窗下降时，弹簧压缩，吸收能量，从而使车窗无论是上升还是下降，电动机的负荷基本上相同，另一种换向器使用柔性齿条和小齿轮，车窗连在齿条的一端，电动机带动轴端小齿轮转动，使齿条移动，以带动车窗升降。

钢丝滚筒式车窗玻璃升降器如图 7-2 所示，双向直流电动机前端安装有减速机构，其上安装一个绕有钢丝的滚筒，玻璃卡座固定在钢丝上且可在滑动支架上移动。

齿扇式车窗玻璃升降器如图 7-3 所示，双向直流电动机带动蜗轮蜗杆减速改变方向后，驱动齿扇，从而使玻璃上下移动，齿扇上安有螺旋弹簧，当门窗下降时螺旋弹簧收缩，将一部分能量转化为弹性势能；当门窗上升时，螺旋弹簧伸展，释放出储存的弹性势能，达到直流电动机双向负荷平衡的目的。

3. 控制开关

所有电动车窗都有两套控制开关：一套为主控开关，安装在驾驶员侧车门扶手上或仪表板，由驾驶员控制玻璃升降；另一套为分控开关，安装在乘客侧车窗中部，可由乘客操纵。主控开关上还安装有控制分开关的总开关，如果断开它，分开关就不起作用。带有延迟开关的电动车窗系统，可在点火开关关断后约 10min 内，或在车门打开以前，仍提供电源，使驾驶员和乘客有时间关闭车窗。丰田卡罗拉轿车车窗控制开关如图 7-4 所示。

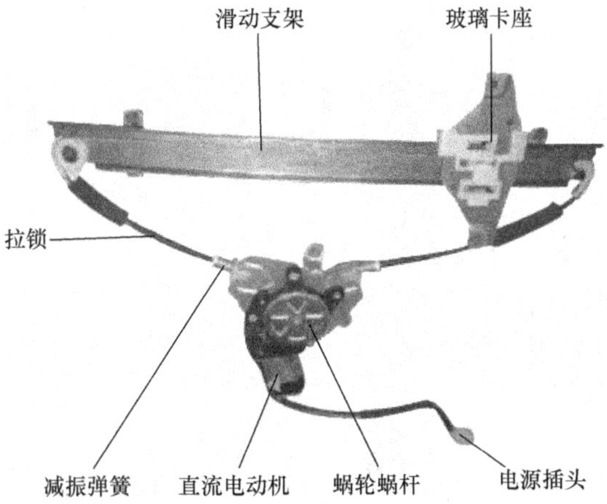

图 7-2　钢丝滚筒式车窗玻璃升降器

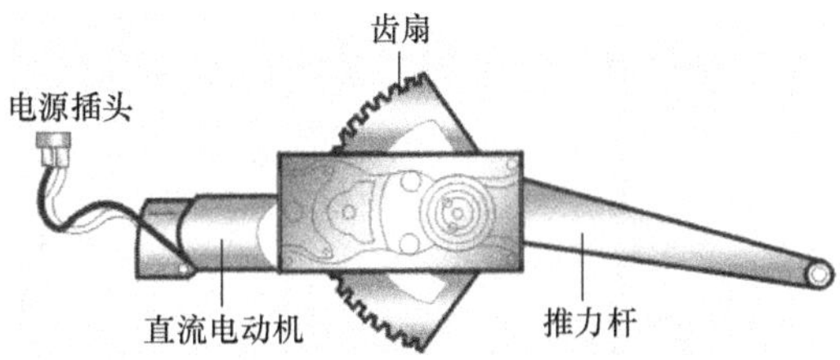

图 7-3　齿扇式车窗玻璃升降器

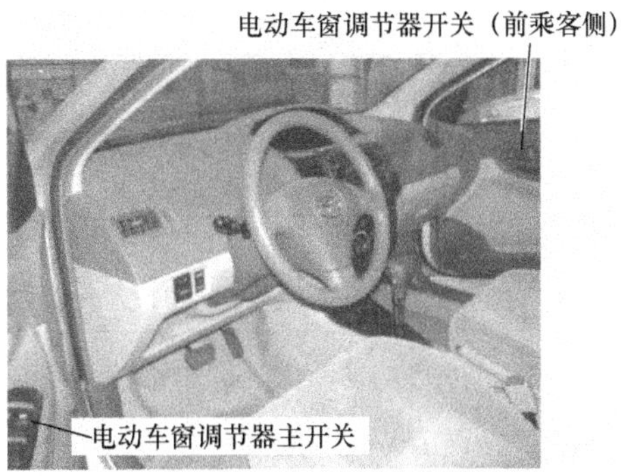

图 7-4　车窗控制开关

4. 断路器

为了防止电动机过载，在电路或电动机内装有一个或多个双金属片式热敏断路器，用以控制电动机中的电流。若车窗玻璃因某种原因卡住（如密封条老化），即使操纵开关没有断开，双金属片式热敏断路器也会因电流过大自动断路，从而保护电动机不被烧毁。

（二）电动车窗的工作原理和控制

车窗电动机都是双向的，分永磁式和双绕组串励式两类。永磁式直流电动机通过改变输入电枢绕组的电流方向使电动机以相反的方向旋转。双绕组串励式直流电动机有两个绕向相反的励磁绕组，一个称为上升绕组，另一个称为下降绕组，通电后产生相反方向的磁场，即可改变电动机的旋转方向。这里以永磁式直流电机电动车窗为例进行分析。

图 7-5 所示为丰田卡罗拉轿车电动车窗控制系统线路图。它采用永磁式直流电动机驱动车窗玻璃升降。其工作过程如下：

1）车身 ECU 的 13 接线柱是信号输出控制接线柱，当车身 ECU 的 13 接线柱输出高电平信号时，电源继电器线圈得电，其触点闭合：蓄电池电压→主熔丝→12A ALT 熔丝→

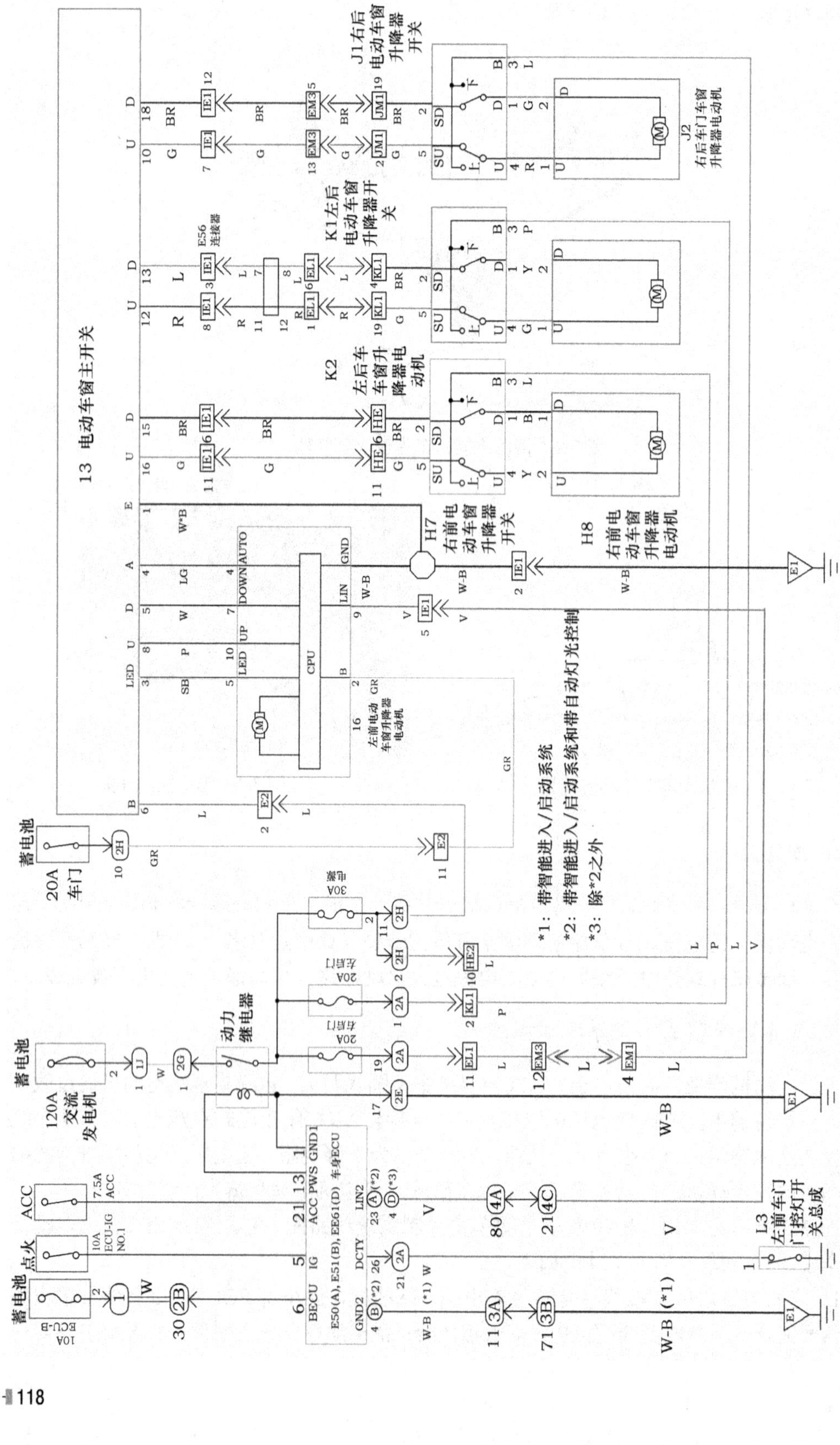

图7-5　卡罗拉轿车电动车窗电路

电源继电器触点后分三路供电。

第一路经 30A 电源熔丝后分两路：一路供电给电动车窗主开关的 6 接线柱；另一路供电给右前电动车窗升降开关 H7 的 3 接线柱。

第二路经 20A 右后门熔丝后供电给右后电动车窗升降器开关 J1 的 3 接线柱。

第三路经 20A 左后门熔丝后供电给左后电动车窗开关 K1 的 3 接线柱。

蓄电池电压经 20A 电源熔丝后供电给左前电动车窗调节电动机 I6 的 2 接线柱；电动车窗主开关的 1 引接线柱和左前电动车窗调节电动机 I6 的 1 接线柱都为搭铁接线柱；电动车窗主开关的 5 接线柱为电动车窗下降控制信号；电动车窗主开关的 8 接线柱为电动车窗上升控制信号。

2）当电动车窗主开关断开时，除驾驶侧外，其他车窗玻璃驱动电动机的搭铁线均被切断，驾驶侧车窗由对应的分开关控制。例如，当按下驾驶侧电动车窗 UP 按钮时，左前电动车窗上升，关窗；当按下驾驶侧电动车窗 DOWN 按钮时，左前电动车窗下降，开窗。

3）当总开关闭合时，驾驶员可对其他车窗玻璃进行控制。例如，驾驶员按下电动车窗主开关相应的后座左侧门窗 UP 按钮时，蓄电池"＋"→120A 交流发电机熔丝→动力继电器触点→30A 电源熔丝→电动车窗主开关的 6 接线柱→电动车窗主开关的 12 接线柱→左后电动车窗升降器开关的5接线柱→左后电动车窗升降器开关的4接线柱→左后车窗升降器电动机→左后电动车窗升降器开关的 1 接线柱→电动车窗主开关的 13 接线柱→电动车窗主开关的 1 接线柱→E1 搭铁→蓄电池"－"，此时左后电动车窗升降器调节电动机得电，车窗上升，关窗。

4）当总开关闭合时，乘客可对相应车窗玻璃进行控制。例如，乘客按下分开关相应的左后电动车窗升降器开关 UP 按钮时，蓄电池"＋"→120A 交流发电机熔丝→动力继电器触点→20A 左后门熔丝→左后电动车窗升降器开关 3 接线柱→左后电动车窗升降器开关 4 接线柱→左后车窗升降器电动机→左后电动车窗升降器开关的 1 接线柱→电动车窗主开关的 13 接线柱→电动车窗主开关的 1 接线柱→E1 搭铁→蓄电池"－"，此时左后电动车窗升降器调节电动机得电，车窗上升，关窗。

5）其他车窗的升降操纵与上述操纵方法相同。

专业知识拓展

（一）常见机械部分故障

电动车窗机械部分故障最常见的就是升降器变形，各滑动零部件运动不畅。

对于升降器变形故障，维修时须做更换处理；对于滑动零部件运动不畅的故障，须在相应部位加润滑脂，如图 7-6 中箭头所示。

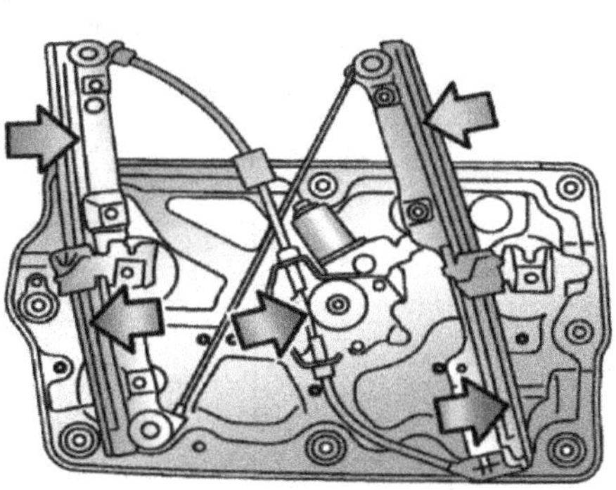

图 7-6　加润滑脂的部位

（二）电动车窗的工作原理

下面以丰田卡罗拉轿车为例对电动车窗电路原理图进行识读，图 7-7 所示为丰田拉罗拉汽车电动车窗电路图。

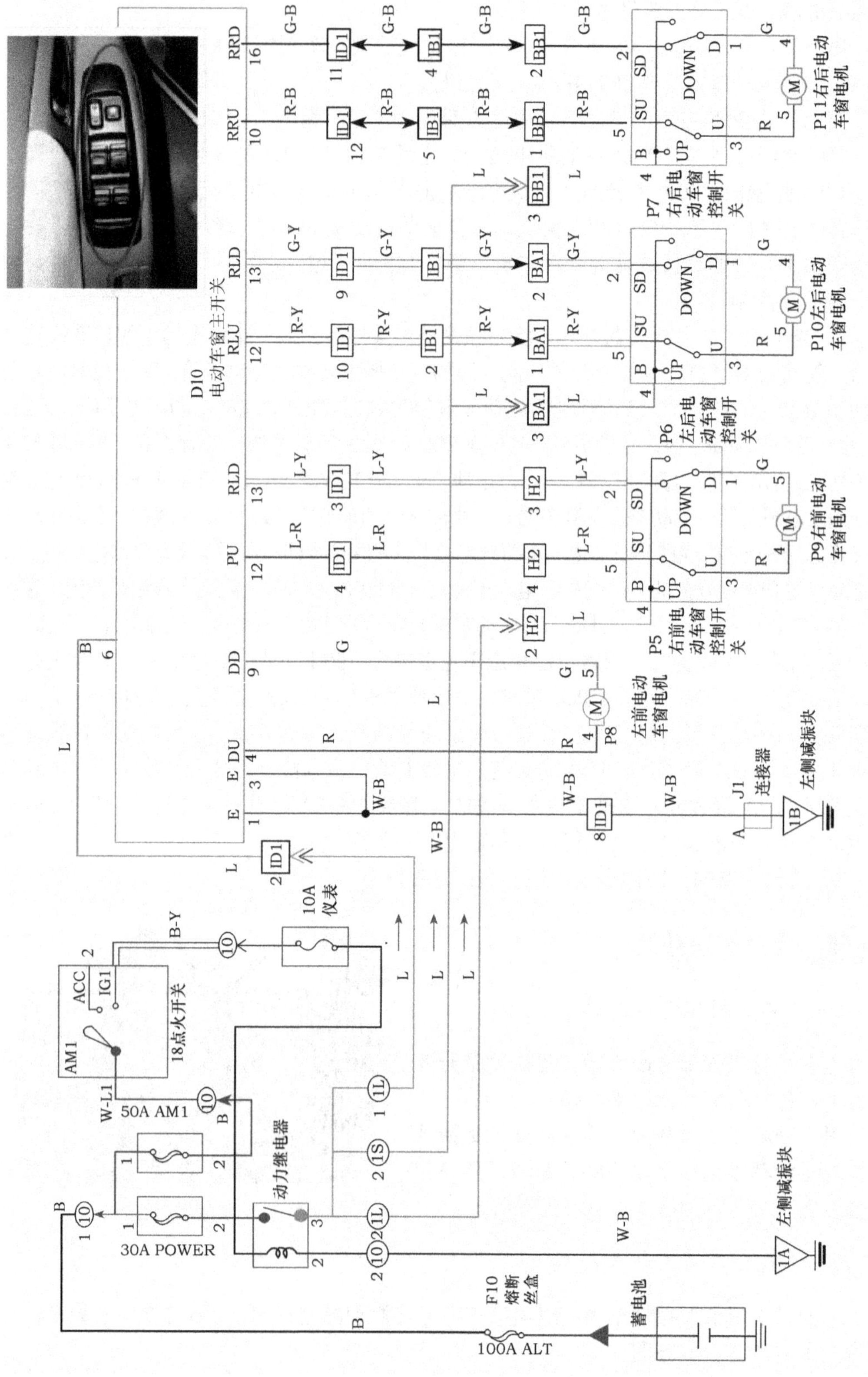

图7-7　卡罗拉汽车电动车窗电路图

该电路采用永磁式直流电动机驱动车窗玻璃升降，通过控制开关改变直流电动机的电枢电流方向，使电动机的运转方向改变，从而使玻璃上升或下降。

工作过程：

1）当点火开关闭合时，电流流经蓄电池“＋”→ALT 熔丝→AM1 熔丝→点火开关→仪表熔丝→动力继电器线圈→1A 搭铁→蓄电池“－”；动力继电器触点闭合，给电动车窗控制电路提供电源。

2）当电动车窗主开关断开时，除驾驶侧外，其他车窗玻璃驱动电动机的搭铁线均被切断，驾驶侧车窗由对应的分开关控制。驾驶侧车窗玻璃上升时，电流流经蓄电池“＋”→ALT 熔丝→30A POWER 熔丝→动力继电器触点→电动车窗主开关 6 接线柱→电动车窗主开关→电动车窗主开关 4 接线柱→左前电动车窗电动机→电动车窗主开关 9 接线柱→电动车窗主开关 3 或 1 接线柱→1B 搭铁→蓄电池“－”，完成上升动作。另外，驾驶侧车窗玻璃在下降的同时也可受触点式开关电路的点动控制。

3）当总开关闭合时，驾驶员可对其他车窗玻璃进行控制。例如，驾驶员按下电动车窗主开关相应的后座左侧车窗上升开关时，电流流经蓄电池“＋”→ALT 熔丝→30A POWER 熔丝→动力继电器触点→电动车窗主开关 6 接线柱→电动车窗主开关→电动车窗主开关 12 接线柱→左后电动车窗控制开关 5 接线柱→左后电动车窗控制开关 3 接线柱→左后电动车窗电动机→左后电动车窗控制开关 1 接线柱→左后电动车窗控制开关 2 接线柱→电动车窗主开关 13 接线柱→电动车窗主开关 3 或 1 接线柱→1B 搭铁→蓄电池“－”，完成上升动作。

4）当总开关闭合时，乘客可对相应车窗玻璃进行控制。例如，乘客按下分开关相应的后座左侧车窗上升开关时，电流流经蓄电池“＋”→ALT 熔丝→30A POWER 熔丝→动力继电器触点→左后电动车窗控制开关 4 接线柱→左后电动车窗控制开关 3 接线柱→左后电动车窗电动机→左后电动车窗控制开关 1 接线柱→左后电动车窗控制开关 2 接线柱→电动车窗主开关 13 接线柱→电动车窗主开关 3 或 1 接线柱→1B 搭铁→蓄电池“－”，使车窗上升。

5）其他车窗的升降操纵与上述操纵方法相同。

（三）故障诊断

1. 检查电动车窗

对于电动车窗故障，可以根据故障症状及电路原理分析，确定故障区域，如表 7-1 所示为丰田卡罗拉轿车故障诊断表。

表 7-1　故障诊断表

症　状	检 查 区 域
电动车窗不能运作（全部）（电动车门锁不能运作）	1. AMI 熔丝 2. 动力继电器 3. POWER 熔丝 4. 仪表熔丝 5. 线束

续表

症　状	检 查 区 域
电动车窗不能运作（全部）（电动车门锁正常）	1．点火开关 2．电动车窗主开关 3．线束 4．电动车窗电动机
AUTO DOWN（自动下降）功能不运作	1．电动车窗主开关 2．电动车窗电动机
仅一个车窗玻璃不能动	1．电动车窗主开关 2．电动车窗调节器开关 3．电动车窗电动机 4．线束
“窗锁止系统”不能操作	电动车窗主开关

2. 检查电动车窗控制面板主开关总成

1）检查主开关导通性，如图 7-8 所示。

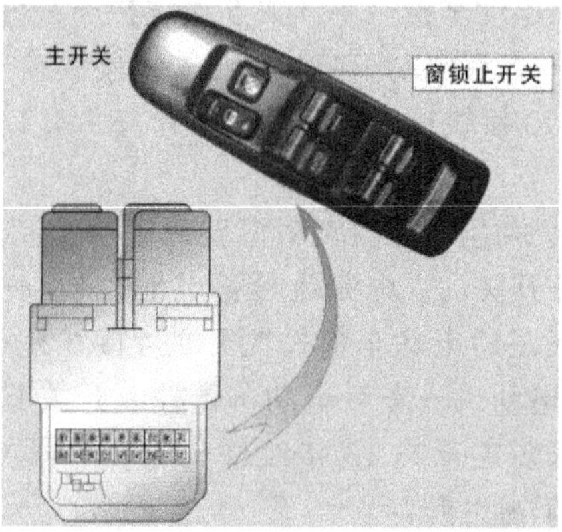

图 7-8　驾驶员侧开关端子

① 检查驾驶员侧车窗开关（车窗未锁和上锁），标准见表 7-2。

表 7-2　检查标准（一）

开 关 位 置	端　子	规 定 情 况
UP	4—6—7	导通
	1—3—9	
OFF	1—3—4	导通
	1—3—9	
DOWN	1—3—4	导通
	6—7—9	
AUTO DOWN	1—3—4	导通
	6—7—9	

② 检查前乘员侧车窗开关（车窗未锁），标准见表 7-3。

表 7-3　检查标准（二）

开关位置	端　子	规定情况
UP	1—3—15	导通
	6—7—18	
OFF	1—3—15	导通
	1—3—18	
DOWN	1—3—18	导通
	6—7—15	

③ 检查前乘员侧车窗开关（车窗上锁），标准见表 7-4。

表 7-4　检查标准（三）

开关位置	端　子	规定情况
UP	6—7—18	导通
OFF	15—18	导通
DOWN	6—7—15	导通

④ 检查左后侧车窗开关（车窗未锁），标准见表 7-5。

表 7-5　检查标准（四）

开关位置	端　子	规定情况
UP	1—3—13	导通
	6—7—12	
OFF	1—3—13	导通
	1—3—12	
DOWN	1—3—12	导通
	6—7—13	

⑤ 检查左后侧车窗开关（车窗上锁），标准见表 7-6。

表 7-6　检查标准（五）

开关位置	端　子	规定情况
UP	6—7—12	导通
OFF	12—13	导通
DOWN	6—7—13	导通

⑥ 检查右后侧车窗开关（车窗未锁），标准见表 7-7。

表 7-7　检查标准（六）

开关位置	端　子	规定情况
UP	6—7—10 1—3—16	导通

续表

开关位置	端　子	规定情况
OFF	1—3—10	导通
	1—3—16	
DOWN	1—3—10	导通
	6—7—16	

⑦ 右后侧车窗开关（车窗上锁），标准见表 7-8。

表 7-8　检查标准（七）

开关位置	端　子	规定情况
UP	6—7—10	导通
OFF	10—16	导通
DOWN	6—7—16	导通

3. 检查主开关照明

检查主开关照明，如图 7-9 和表 7-9 所示。

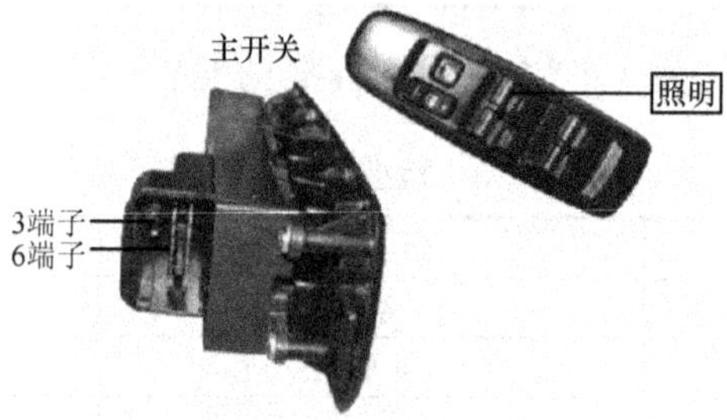

图 7-9　主开关照明

表 7-9　检查标准（八）

测量情况	规定情况
蓄电池正极—端子 6	开关照明灯亮
蓄电池负极—端子 3	

4. 检查电动车窗面板开关总成

注意：所有的调节器开关（前乘客侧、左后侧、右后侧）都应以同样方法进行检查，如图 7-10 和表 7-10 所示。

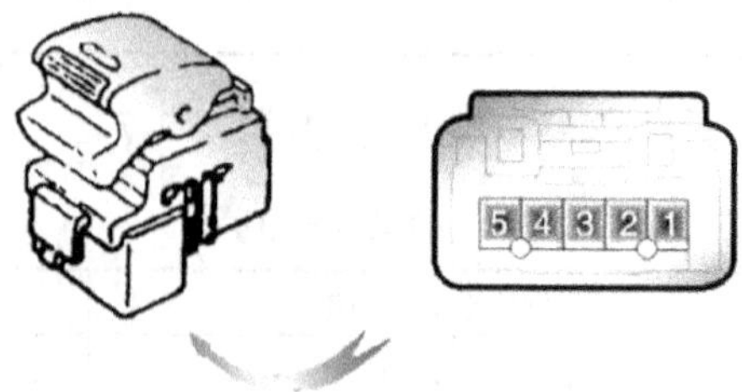

图 7-10　调节器开关

表 7-10 检查标准（九）

开关位置	端子	规定情况
UP	1—2	导通
	3—4	
OFF	1—2	导通
	3—5	
DOWN	1—4	导通
	3—5	

5. 检查电动车窗电动机

1）检查调节器电机的运动，如图 7-11 所示。

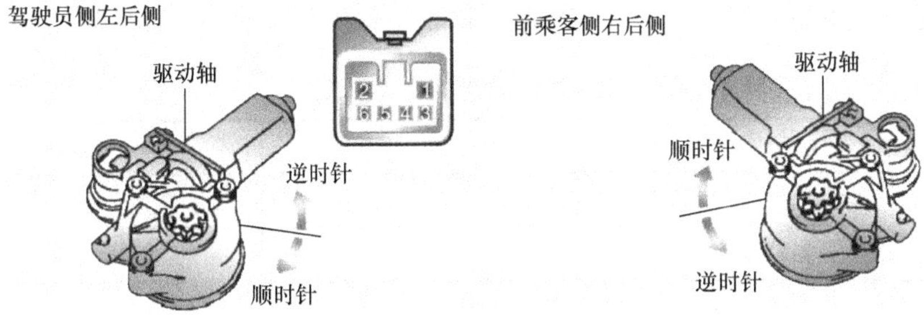

图 7-11 调节电机检测

注意：➢驾驶员侧和左后侧的调节器电动机应以相同方法进行检测。
➢前乘员侧和右后侧的调节器电动机应以相同方法进行检测。

当接头和每个端子加以蓄电池正极电压时，检查电动机运动的平顺性。驾驶员侧和左后侧的检查标准见表 7-11。前乘员侧和右后侧的检查标准见表 7-12。

表 7-11 检查标准（十）

测量情况	规定情况
蓄电池正极—端子 4 蓄电池负极—端子 5	顺时针
蓄电池正极—端子 5 蓄电池负极—端子 4	逆时针

表 7-12 检查标准（十一）

测量情况	规定情况
蓄电池正极—端子 4 蓄电池负极—端子 5	顺时针
蓄电池正极—端子 4 蓄电池负极—端子 5	逆时针

2）检查调节器电动机内的 PTC 工作。

注意：此工作在电动车窗调节器已安装在车上，并安装车窗玻璃后进行。

① 将直流 400A 的万用表表笔接到端子 4 或 5 的线束上。

注意：万用表的表笔和电流方向一致。

② 完全关上车窗玻璃。

③ 将主开关切至 UP（上）位置（电流切断检查），当车窗完全合上 60s，检查电流经过多少时间由 16～34A 降到 1A。标准值为 4～90s。

④ 检测电流切断 60s 后，当主开关或调节器开关切为 DOWN（下）位置时，检查玻璃向下。

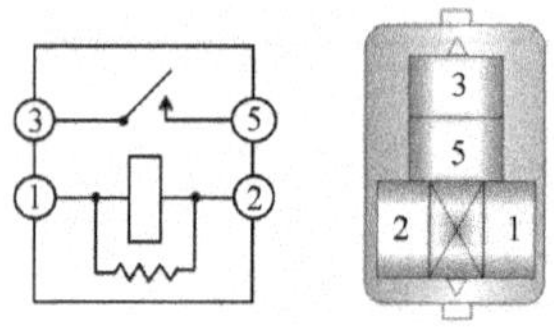

图 7-12　检查导通性

如果不符合规定，更换电动机。

6. 检查继电器（记号：POWER）

1）从仪表板总成接线盒上拆下电动车窗继电器。

2）检查导通性，如图 7-12 所示。标准见表 7-13。

表 7-13　检查标准（十二）

情　况	端　子	规定情况
常态	1—2	导通
端子 1 和 2 端子接蓄电池正极	3—5	导通

案例分析

案　例　1

故障现象：桑塔纳 3000 轿车中控门锁和电动车窗玻璃升降器不工作。

故障诊断：

1）接车后，对中控门锁和电动车窗玻璃升降器故障进行初步检查。

① 打开点火开关，检查所有车窗玻璃升降器开关上的指示灯均不亮，操作所有车车窗玻璃升降器开关，均不能动作。

② 操作前门上的门锁按钮，没有任何反应。

该车中控门锁和电动车窗玻璃升降器的相关电路如图 7-13 和图 7-14 所示，从电路图可知，电动车窗玻璃升降器和中控门锁的工作是以舒适系统控制单元 J330 为核心的。中控门锁在开锁和闭锁操作后，左前门锁和右前门锁的闭锁开关信号传递给舒适系统控制单元 J330，J330 控制四门的中控门锁电动机动作。同时，J330 也接收左前电动车窗玻璃升降器开关信号。当 J330 收到左前车窗玻璃升降器开关信号时，直接控制左前电动车窗玻璃升降器电动机工作。另外，当右前车窗玻璃升降器和后车窗玻璃升降器工作时，车窗玻璃升降器电动机的负极回路也受 J330 控制才完成。

根据电路图可知，该车故障的可能原因是：J330 损坏，J330 的电源电路有短路或断路现象。

2）拆下仪表板左下护板，检查 J330 的供电熔丝 S3，发现已经熔断。

3）更换新的 30A 熔丝，分别操作中控门锁和车窗玻璃升降器开关使其工作。

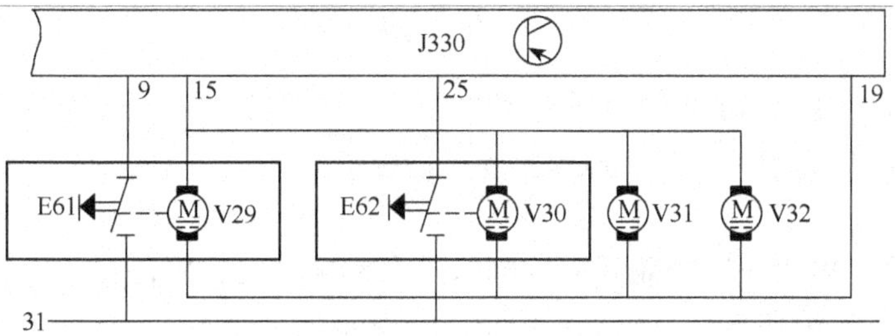

图 7-13　某中控门锁电路

J330—舒适系统控制单元；E61—左前门中控开关；E62—右前门中控开关；V29—左前门中控电动机
V30—右前门中控电动机；V31—左后门中控电动机；V32—右后门中控电动机

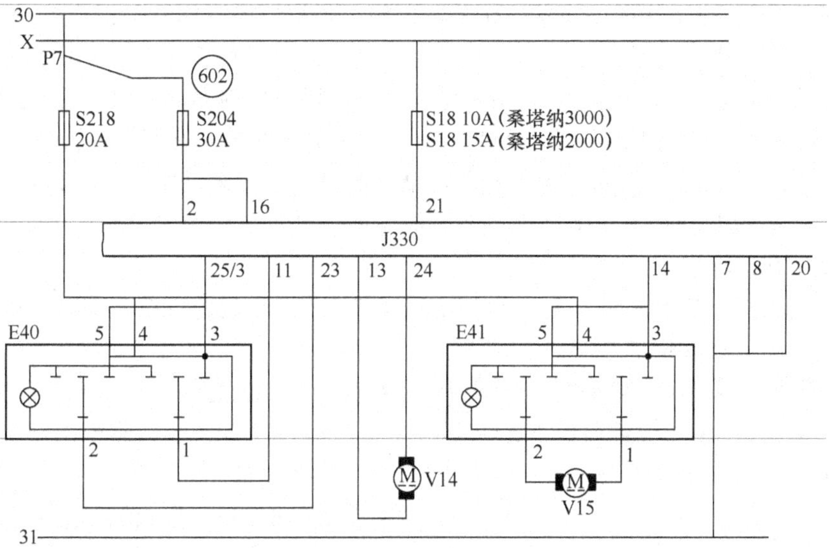

图 7-14　电动车窗玻璃升降器相关电路图

J330—舒适系统控制单元；E40—左前车窗玻璃升降器开关；E41—右前车窗玻璃升降器开关
V14—左前车窗玻璃升降器电动机；V15—右前车窗玻璃升降器电动机

4）当操作左前车窗玻璃升降器开关时，左前车窗和其他车窗玻璃升降器开关指示灯突然熄灭，中控门锁和车窗玻璃升降器再次停止工作。

5）拆下熔丝 S3，熔丝又断了。

说明故障是由于左前车窗玻璃升降器电路某处有故障，致使 J330 供电熔丝熔断而停止工作，从而使中控门锁和车窗玻璃升降器无法正常工作。

6）拆下左前门内饰板检查左前车窗玻璃升降器电路。

7）拆下内饰板后，拔下车窗玻璃升降器电动机插接器时，发现左前门限位器的塑料外罩脱掉，车窗玻璃升降器电动机 V14 的一条电路被夹入左前门限位器内，致使电路接地短路，导致 J330 供电熔丝熔断。

故障原因：车窗玻璃升降器电动机 V14 线路短路。

故障修复：将损伤的电路包扎处理后，换上新的熔丝。

案 例 2

故障现象：一辆2006年产POLO劲取1.6L自动挡轿车，行驶里程2.4万千米，用户反映除驾驶员侧车窗外，其余电动车窗不能控制。

故障诊断：

1）驾驶员侧电动车窗控制开关控制前排乘客侧、左后和右后电动车窗的升降，出现前排乘客侧、左后和右后电动车窗均不工作现象。

2）按动各车窗自身控制开关也无效。

3）连接VAS5052故障诊断仪，查询舒适系统控制单元J393，不存在故障码。

POLO劲取轿车的电动车窗控制方式与老款POLO有所不同，电动车窗开关状态信息用传输速率为20kb/s的LIN总线传输，驾驶员侧车门控制单元J386为LIN总线的主控单元，其余3个车门控制单元为从控单元。其控制原理如下：以前排乘客侧电动车窗为例，点火开关置于ON位置时，LIN总线激活，驾驶员侧电动车窗开关E81信号输入控制单元J386，J386识别后将信号经LIN总线传输到前排乘客侧车门控制单元J387，J387根据接收到的车窗升降指令控制前排乘客侧电动车窗电动机V148动作。操作前排乘客侧电动车窗控制开关E107时，J387作为从控单元识别到E107开关信号的输入，直接控制V148动作。

因为每个车门控制单元都有各自的熔丝保护，3个车门控制单元同时断电的可能性很小，所以可以排除供电故障。

根据故障现象分析，与4个车门控制单元都有关的LIN总线存在问题的可能性最大。遵循这一思路，决定先检查前排乘客侧车门控制单元J387与驾驶员侧车门控制单元J386之间的LIN总线线路。

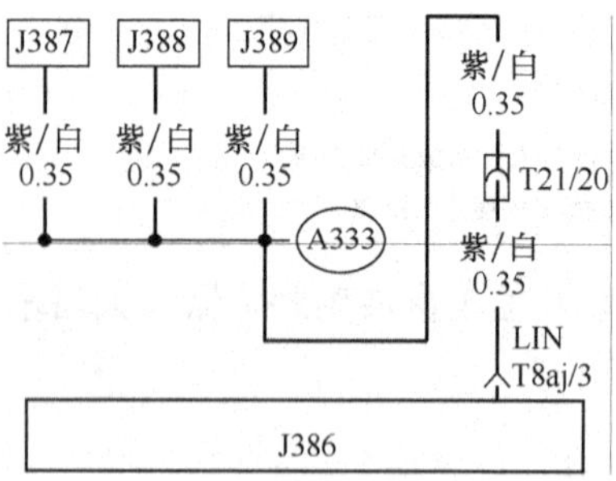

图7-15 门窗电控单元接线图

4）用万用表测量J387线束侧插接器T8ak/3端子与J386线束侧插接器T8aj/3端子之间的电阻，显示为无穷大，表明J386与J387之间的LIN总线处于断开状态。

由图7-15可知，J386的LIN总线经左A柱插接器的T21/20端子分别与J387、J388和J389连接。

5）拆开J386的LIN总线经左A柱插接器的T21/20端子插接器观察，LIN总线所在的T21/20端子被腐蚀，折断的插针残留在对应的插孔内，如图7-16所示。由于车门部分的LIN总线失效，而作为从控单元的其余3个车门的控制单元又不能单独地工作。

故障原因：J386的LIN总线经左A柱插接器的T21/20端子腐蚀折断。

故障修复：使用大众VAS1978线束修理箱更换左A柱T21/20端子的导线，装复插接器，试验所有电动车窗，全部恢复正常。

(a) 插接器T21的端子腐蚀　　(b) 插接遗留在插孔中

图 7-16　J386 接线端子

课后任务

请根据所学内容进行科学合理的汽车配件与维修设备调查，并完成表 7-14。

表 7-14　车窗配件统计表

配件名称	型　号	适用车型	价　格	信息来源
左前侧车窗电动机总成				
左前侧车窗导轨总成				
左前侧车窗玻璃				
左前侧车窗组合控制开关				
左后侧车窗电动机				
左后侧车窗控制开关				

参 考 文 献

蔡明清，李强．2012．汽车行驶系统与转向系统维修．北京：人民交通出版社．

迟瑞娟，陈清洪．2013．汽车底盘构造与维修．2版．北京：电子工业出版社．

丰田汽车公司．2004．TEAM21培训轿车．

何爱明，丁业军．2013．汽车制动系统维修．北京：人民交通出版社．

孙乃谦．2011．汽车制动系统检修一体化项目教程．上海：上海交通大学出版社．

谭克诚，杨玲玲．2013．汽车传动系统的检测与维修．北京：机械工业出版社．